相続専門YouTuber税理士が
「亡くなった後の全手続」
をとことん詳しく教えます!

ぶっちゃけ相続 手続大全

円満相続税理士法人代表
橘慶太

ダイヤモンド社

はじめに

「ついうっかり」で641万円の追徴課税!?
相続手続を甘く見てはいけません

国税庁より、2019年７月〜2020年６月における「相続税の調査状況」が公表されました。

税務調査を受けた家庭の85.3％が修正となり、１件当たりの平均追徴《ついちょう》課《か》税《ぜい》（申告ミス等により追加で課税される税金）は、なんと641万円でした。

近年、税務署は申告書を一切提出しなかった無申告者への税務調査を積極的に行っています。**税務署は「不慣れだったため計算を間違えてしまった」という人にも容赦はしません。ミスはミスです。**相続に限らず、法律知識は「知っているか・知らないか」で大きな差がつきます。

悲しみに暮れる暇なく、膨大な手続に追われる

大切な人を亡くした後、残された家族には、膨大な量の相続手続が待っています。 葬儀であれば、故人が亡くなった４〜５日の間に、

- ●死亡届の提出
- ●葬儀社の選定
- ●葬儀の打ち合わせ（場所等）
- ●親族、会社関係者への連絡
- ●通夜
- ●葬儀、告別式
- ●火葬、納骨

などのことを一気にやらなければなりません。ひと区切りついたと思いきや、今度は保険証や免許証の返納、銀行の解約手続、準確定申告などが待ちかまえています。

そして、これらの手続には期限があります。中には亡くなった日から７日以内にしなければいけないものもあり、気づいたときには期限が過ぎ、過料（金銭を徴収する制裁）が生じるケースもあります。

不安の9割は「何をすればいいかわからない」にある

身近な人を亡くした人の多くが、「何から手をつけていいかわからない」、「誰に相談すればいいかわからない」と、先の見えないトンネルに１人取り残されたような孤独感に襲われます。

そういった方々が、焦らず、間違わず、１つずつ安心して相続手続を進められるよう、本書では手続の流れ、必要書類、税務面での注意点などをあますところなく解説します。

相続手続の中で、まず行うべきことは２つあります。

①相続手続の全体像の把握

②何をどの順番で進めていくかという段取り確認

この２つさえできれば、五里霧中・暗中模索状態から、あたりが明るく照らされ、トンネルのゴールの光が見えてくるでしょう。その意味では、目次を俯瞰的に読むだけでも大きな意味があります。

この本は、手続の順番（期限）をスケジュール通りに記載していますので、第１章（葬儀、保険手続等）が最も緊急性が高くなっています。ここを乗り切れば、気持ちが少し楽になるでしょう。

相続トラブルの原因にもなる

相続手続は、本来、残された家族で分担して進めていくべきものですが、実際には、**相続手続の大半を行う人と、ほとんど手伝わない（または、手伝えない）人に分かれる傾向があります。**その結果、「私

にばかりこんな大変な手続を押しつけ、遺産だけちゃっかりもらうなんて、納得いかない！」と、相続争いにつながってしまうケースも珍しくありません。

実際につまずくポイントを徹底解説！

申し遅れました。円満相続税理士法人の代表税理士の橘慶太と申します。私は相続税専門の税理士として、これまで**5000人以上の方の相続相談**に乗り、手続のサポートを行ってきました。

これまで日本全国で500回以上、相続セミナーの講師を務めたこともあります。限られた人数にしか伝えることができないセミナーよりも、もっと多くの人に相続の知識を広めたいと想い、2018年からYouTubeを始め、チャンネル登録者は6万9000人を超えました。

また、2020年に発売した、前著『ぶっちゃけ相続』は発売から1年で4万6000部を記録し、たくさんの方々に手にとっていただくと同時に、多くの反響をいただきました。

前著では、主に相続にまつわる法律や税金の考え方を解説しており、「将来の相続に備えたい人向けの1冊」となっています。

本書は、**「今まさに身近な人を亡くし、相続に直面している人向けの1冊」**として仕上げました。

特に、次のような「実際に手続を進める中で出てくる疑問点・注意点」を徹底解説しています。

- やばい葬儀社を見抜く3つのポイント
- 相続開始直後に絶対やってはいけないこと
- 連絡のつかない相続人への対処法
- 遺産分けで揉《も》めないようにするノウハウ
- あらゆる手続に大活躍する「法定相続情報一覧図」の取得方法
- 認知症の相続人や障害を持った相続人がいるときの手続

●相続不動産の売却を焦ってはいけない合理的な理由

本書の有効な使い方

本書の有効な使い方を紹介しましょう。まず、**本書の全体を読み流し、相続手続の全体像や期限、自身に関係する項目を把握**します。

そして、実際に各手続に着手する前に、該当ページをしっかり読んでいただければ、スムーズに手続が進められるでしょう。すべてのページを読み込む必要はなく、**ご自身に必要なページを読むだけで、すぐ使える**内容になっています。

注意点として、各役所で行う手続は、お住まいの地域によって、取り扱いが異なるケースがあります。窓口で手続をされる際は、念のため、役所に行く前に「これから相続手続のために伺います。必要書類は、○○、○○を揃えていますが、間違いないですか？」と電話で確認していただくことをオススメします。

相続の準備をされる方へ

ご自身の相続の準備をされている方にも、この本は有効です。

相続発生直後、家族が一番困るのは、「①訃報の連絡を誰にすればよいか、②葬儀はどのような形で行うか」の２点です。

この本の巻末には、上記２点に加え、財産の棚卸《たなおろし》ができるエンディングノートがあります。エンディングノートと一体となった本書を家族に残しておけば、相続手続で慌てることなく、スムーズにことが運ぶのは間違いありません。

相続手続に慣れている人は誰もいません。「葬儀をあげるのなんて初めて」という方がほとんどでしょう。この本が、相続手続に悩む方の懐中電灯のような存在になりますように。まずは焦らず、全体像を確認していきましょう！

本書の構成と相続手続の全体像

第1章　大切な人を亡くした直後の手続

時期：相続開始～14日後

故人を送る葬儀をはじめ、早急に行わなければならない手続を解説します。

第2章　少し落ち着いてからの手続

時期：相続開始～3か月後

遺族年金の申請に免許やパスポートの返納等、葬儀が落ち着いてから行う手続を解説します。

第3章　遺産分けの手続

時期：相続開始～6か月後

遺産の基本的な分け方から争族回避等、円満相続のための手続を解説します。

第4章　名義変更の手続

時期：相続開始～6か月後

戸籍の取得方法から義務化が決まった相続登記等、名義変更のポイントを解説します。

第5章　相続税の手続

時期：相続開始～10か月後

相続税申告から税務署対策まで、相続税の大切なポイントを解説します。

第6章　特殊相続の手続

時期：相続開始～1年以降

相続人に認知症の方や障害を持った方がいるときの手続を解説します。

第7章　相続財産の売却手続

時期：相続開始～1年以降

不動産や貴金属等、相続した財産を売却するときのポイントを解説します。

目次　ぶっちゃけ相続「手続大全」

相続専門YouTuber税理士が
「亡くなった後の全手続」をとことん詳しく教えます！

第3章 遺産分けの手続

第5章 相続税の手続

第7章　相続財産の売却手続　262

※本書の内容は2021年10月末日現在の法令にもとづいています。また、本文中の参考URLも2021年10月末日時点のものです。

第1章

大切な人を亡くした直後の手続

第1章の主な内容

- ☑ 葬儀の手続と注意点は？ 葬儀費用と香典の相場金額は？
- ☑ 死亡診断書のコピーは5部以上取るべき。それはなぜ？
- ☑ 知らないうちに年金を不正受給!? 至急やるべき手続とは？
- ☑ 最大7万円もらえる葬祭費・埋葬料の手続とは？
- ☑ 住民票と印鑑証明書、相続人が海外に住んでいたら？

ぶっちゃけ

1 臨終から葬儀までの流れを徹底解説！

まず、故人が病院で亡くなった場合と、それ以外の場所で亡くなった場合で流れが異なります。病院で亡くなった場合は、医師が死亡確認を行い、霊安室に運ばれます。**自宅などの病院以外の場所で亡くなった場合は、かかりつけ医に来てもらうか、救急車を呼びましょう。**突然死や事故の場合は警察にも連絡する必要があります。検視（26ページ参照）が必要と判断された場合、ご遺体は警察署に運ばれます。

ご遺体は病院や警察署で長時間保管することはできません。自宅か遺体安置所に搬送するように伝えられます。一般的に、遺体の搬送は葬儀社が行ってくれます。あらかじめ決めている葬儀社があれば、その会社に連絡をし、決まっていなければ急いで葬儀社を決める必要があります。

葬儀社とは？

葬儀社とは、これから執り行う葬儀をプロデュースする会社のことをいいます。混同される方が多いのが、斎場《さいじょう》会社です。斎場は、葬儀や火葬を行う場所で、民営のものと公営のものがあります。**価格は安いが、予約が取りにくいのが公営の斎場。価格は高いが、設備等が優れているのが民営の斎場**という傾向があります。最初に葬儀社と連絡を取り、打ち合わせの中で希望の斎場を選びましょう。

そもそも葬儀とは？

葬儀社に連絡をする前に、葬儀にまつわる必要最低限の知識をインプットしておきましょう。葬儀に慣れている人などいませんが、葬儀社との打ち合わせでは、普段聞き慣れない専門用語がたくさん出てき

葬儀の流れ

臨終	医師、もしくは警察による死亡確認
↓	
訃報の連絡	電話で行うのが最も確実
↓	
葬儀の準備	葬儀社と打ち合わせ
↓	
通夜	夜通し灯りを消さずに遺体を見守る（半通夜も増えている）
↓	
葬儀式・告別式	同日に行うことが多い
↓	
火葬	火葬許可申請書を忘れずに

ます。

まず**「葬儀」は、通夜、葬儀式、告別式、火葬までを包括する言葉**として使われます。

「通夜」とは、葬儀式・告別式の前日に親族や親しい友人などのゆかりの深い人が集まり、夜通し灯りを消さずに遺体を見守る儀式をいいます。「夜通し」ということが通夜の語源となっています。

現在では、防火の観点から、18時から始め21時には儀式を終える「半通夜」が多くなっています。通夜は葬儀式・告別式の前日に行うのですが、斎場の予約状況や、友引《ともびき》（六曜《ろくよう》の１つ）や年末年始の休業日と重なり、葬儀式・告別式をすぐには行えないこともあります。

六曜って何のこと？

日本の暦において「その日の運勢を示したもの」です。大安《だいあん》・友《とも》引《びき》・先勝《せんしょう》・先負《せんぶ》・赤口《しゃっこう》・仏滅《ぶつめつ》があります。友引に葬儀を行うのは、「友を冥土に引く」という理由から不吉とされ、**多くの斎場は、友引**

を休業日としています。

土日祝日も大抵の斎場は営業していますが、年末年始だけは休業している場合がほとんどです。まずは、葬儀式・告別式の日程を決め、その後に通夜の日を決めることになります。

葬儀式と告別式の違い

葬儀式は、親族や親しい友人が故人の冥福を祈るための宗教的な儀式です。告別式は、会社関係者や近所の人などと、今生《こんじょう》のお別れをするための社会的な儀式と位置づけられています。

このような意味合いの違いから、**葬儀式では読経《どきょう》（お経を読むこと）を主とし、告別式では弔辞《ちょうじ》（亡くなった方を弔うスピーチ）や焼香が主**とされています。

近年では、葬儀式と告別式と火葬までを同日に行うことが増えています。通夜は、その前日に行う地域が多いようです。また、通夜や葬儀式・告別式などを行わず、火葬のみを行う直葬《ちょくそう》という方法も増えています。葬儀の流れや慣習、地域によって異なる場合がありますので、お住まいの地域の葬儀社などにご確認いただくのがよいでしょう。

喪主とは？何をする人？

喪主《もしゅ》とは、遺族を代表する葬儀の主催者をいいます。故人の供養、寺院とのやり取り、遺族代表としての挨拶、弔問客《ちょうもんきゃく》への応対、年忌法《ねんきほう》要《よう》の主催等を、遺族を代表して行います。

喪主と似たもので、施主《せしゅ》という役割があります。これは喪主とは別に、葬儀の金銭的負担を負う人を指します。現代では、喪主と施主は同一となる場合が多いですが、喪主に経済力がない場合などには、喪主とは別に施主を設けることもあります。

訃報の連絡はどうすればいい?

訃《ふ》報《ほう》の連絡は、電話で行うのが最も迅速で確実です。会社関係者など、伝える人が多い場合には、代表者１人に伝えて、後は会社側で連絡をしてもらえれば親族の負担は軽くなります。訃報の連絡は、血縁関係の濃い親族や縁が深かった人には、亡くなった事実だけを先に連絡し、葬儀の日程や場所が決まり次第、再度連絡するようにしましょう。それ以外の人には、訃報の連絡とあわせて葬儀の連絡を行います。

伝える内容は、**自分が誰であるか（故人との関係）、いつ亡くなったか、葬儀の日時・場所・形式、喪主の名前と間柄、連絡先**などです。

手紙は丁寧だが、間に合わない？

手紙による連絡は、一度に多くの人に知らせることには向いていますが、発送から到着まで時間がかかるため、葬儀に間に合わない可能性があります。**葬儀は家族だけで行い、亡くなった旨の連絡だけを目的とする場合であれば、手紙も良い手段**でしょう。

電話番号や住所がわからない場合には、故人のLINEやSNSを利用するのも１つの手です。

しかし、SNSに告別式の開催情報をアップした場合には、当日の来場者が予想外に多くなり、葬儀会場のキャパオーバーも想定しておかなければいけません。高齢の方や目上の方から、不快に思われる可能性もあるので、注意しましょう。

＼ぶっちゃけ／

2 葬儀にはいくら必要？香典は誰のもの？

葬儀の流れを見てきたところで、次はお金の話にうつります。葬儀費用や香典の目安を見ていきましょう。

葬儀費用の平均額

葬儀一式費用……121.4万円
寺院費用…………47.3万円
飲食接待費用……30.6万円
合計………………195.7万円

※一般財団法人日本消費者協会第11回「葬儀についてのアンケート調査」より

平均額は200万円弱となりましたが、中央値（実際に多くの方が支払う金額）はもっと低い金額になると思われます。私は仕事柄、多くの方の葬儀費用の領収書を見ていますが、合計額が100万円以下になる方も非常に多いように感じます。

葬儀費用は誰の負担？

葬儀にかかった費用は、遺言書で指定がある場合や、故人があらかじめ葬儀社と契約をしていた場合を除き、**相続人が話し合いで負担する人を決める**ことになります。話し合いで折り合いがつかない場合には、家庭裁判所の審判で決めることになりますが、一般的には喪主が負担する形に落ち着くことが多いです。

香典は誰のもの？

香典は喪主のものです。一般的には、香典は葬儀代に充てることになりますが、香典が葬儀代を上回ることもあります。

法律上、**香典は遺産分割協議の対象にはならないため、他の相続人が喪主へ香典を分けるよう要求することはできません。**ただ、喪主の気持ち次第では、香典を他の相続人へ分与することも可能です。

しかし、喪主の負担は葬儀だけに収まらず、初七日、四十九日等の法要などの費用（少なくとも10万円はかかります）も見ておかなければいけません。そのあたりも考慮して香典の取り扱いを考えましょう。ちなみに**香典返しの費用を負担するのも喪主**となります。

下表は、一般社団法人全日本冠婚葬祭互助協会による「香典に関するアンケート調査」の結果です（2016年度）。なお、自分が葬儀費用を負担するような立場の場合は香典を包む必要はありません。

香典の相場

	相場金額		相場金額
祖父母	10000円	勤務先社員の家族	5000円
親	100000円	取引先関係	5000円
兄弟姉妹	30000円	友人・その家族	5000円
おじ・おば	10000円	隣人・近所	5000円
上記以外の親戚	10000円	その他	5000円
職場関係	5000円	職場関係	5000円

出典：一般社団法人全日本冠婚葬祭互助協会

＼ぶっちゃけ／

3 死亡診断書のコピーは5部以上取る！

死亡届とは、死亡の事実を市区町村の役所に届け出る手続です。死亡届はA3サイズで、**左半分が死亡届、右半分が死亡診断書（死体検案書）となっています（記入例は28ページ）。**

入手先と提出先は？

死亡届は、役所の窓口やホームページからも入手が可能ですが、一般的には、死亡した病院の医師や警察委託の医師から入手することになります。提出先は、故人の本籍地、届出人となる人の住所地、もしくは死亡した地のいずれかの役所となります。

死亡届と死亡診断書

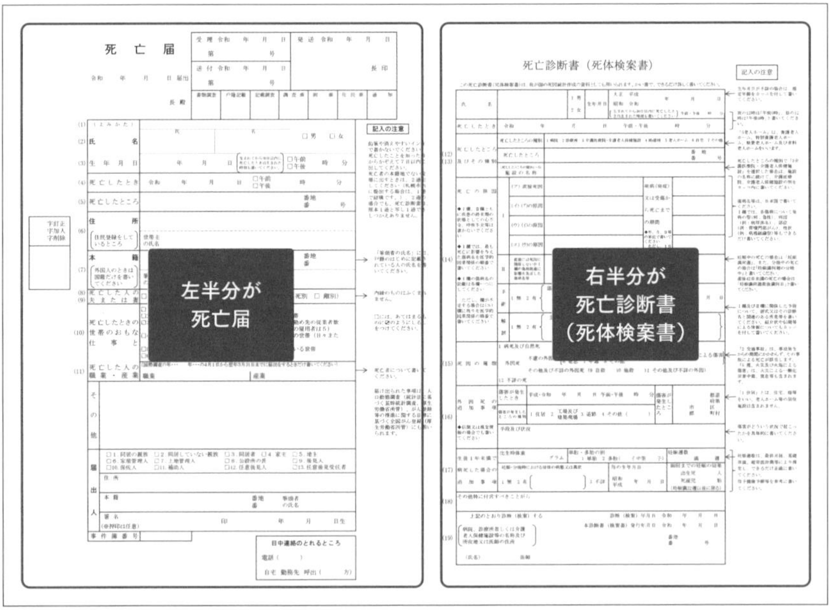

提出期限は？

亡くなったことを知った日から7日以内に提出する必要があります。ちなみに、7日目が閉庁日であった場合には、翌開庁日までに提出すれば大丈夫です。また、国外で死亡した場合には、亡くなったことを知った日から3か月以内に提出すれば良いとされています。なお死亡届を期限以内に提出していない場合、**5万円以下の過料**が科されます。

親族が死亡届を提出しなければいけないの？

死亡届を役所に提出する人は誰でもかまいません。最近では、葬儀社が代行してくれる場合が多いようですので、葬儀社に相談することをオススメします。ただし、死亡届に記載をされる「届出人」になれる人は下記の通り決まっています。

- ●親族
- ●親族以外で故人と同居していた人
- ●家主や地主、家屋管理人や土地管理人
- ●後見人、保佐人、補助人、任意後見人、任意後見受任者

死亡届の左下「届出人」の欄に、故人との関係性、住所、本籍地、筆頭者の氏名、生年月日を記入し、署名をします。必ず、届出人本人が署名をしてください。押印は任意です。なお、届出人が親族等の場合には、本人確認書類や故人との関係を示す書類は不要ですが、**家主や地主、後見人等が届出人となる場合には、その関係性や資格を証明する書類が必要**になります。ちなみに、この欄に記入した方は、故人の戸籍謄本に「届出人」として氏名が記載されることになります。

死亡診断書と死体検案書の違いとは？

死亡診断書も死体検案書も記載される内容は同じです。発行者の違

いによって呼び方が異なります。詳しく見ていきましょう。

故人が入院しており、その入院先で亡くなった場合

担当医師が死亡診断書を発行します。病院にもよりますが、費用は平均5000円前後です。

故人が入院中の病院以外で亡くなった場合

①故人が通院して治療を受けており、その疾病が原因で死亡した場合

入院はしていなかったものの、何らかの疾病により継続的に治療を受けていた人が、その疾病が原因により死亡した場合は、その治療をしていた担当医が死亡診断書を発行します。

②上記以外の場合

死因がはっきりせず、医師が死亡診断書を発行できない場合は、検視（検死）という手続が必要になります。検視とは、事故や突発的な死亡により、検察官や警察職員（司法警察員）によって、犯罪性の有無を調べるために行うものです。この検視が終わった後に発行されるものが、死体検案書になります。

検視が行われる主な状況

- 自然死であっても、病院や主治医がいない状況での死である場合
- 事故や災害での死である場合
- 自殺、他殺である場合
- 突然死である場合

検視においては、医師の診断だけでなく、警察から遺族や発見者への事情聴取も行われることがあります。検視によって事件性があると判断した場合には、警察は司法解剖を医師に依頼します。この場合、

遺族は司法解剖を拒否できません。また、司法解剖は必要ないと判断された場合でも、遺族の意向次第では、あえて解剖を行い、死因の究明をできる限り正確に行う場合もあります。

死亡届は原本提出

役所に対して、死亡届（死亡診断書を含む）は原本を提出する必要があります。そして、一度提出したものは原則として返却されません。しかし、**保険金の請求など、さまざまな場面で死亡診断書（死体検案書）の提出が求められます。**そのため、提出前に必ず多めにコピーを取っておきましょう。

火葬許可証の申請も同時に行う

死亡届の提出と同時に、「火葬許可申請書」も提出し、火葬の許可を受ける必要があります。この申請も多くの場合、葬儀社が代行してくれます。この火葬許可証は火葬当日に火葬場に提出します。火葬が終わると、「火葬済」と押印をしてくれますので、納骨日までしっかりと保管しましょう（失くさないよう、骨壺を入れる木箱の中に入れておくといいでしょう）。この**火葬済と押印された火葬許可証がないと、納骨ができません。**

「死亡」が戸籍に反映されるまでには、時間が必要

死亡届を提出すると戸籍謄本に「死亡」という欄が追加されます。この追加がされるまでに１週間～２週間程度の時間がかかります。さまざまな手続を行うにあたって、「死亡」が記載された戸籍謄本が必要になってきますが、**あまり早く取得すると、反映されていない場合がある**ので注意しましょう。

死亡届の記入例

死　亡　届

令和 3 年 12 月 7 日 届出

長 殿

受理 令和 年 月 日 第 号	発送 令和 年 月 日
送付 令和 年 月 日 第 号	長印

書類調査	戸籍記載	記載調査	調査票	附票	住民票	通知

亡くなった方の氏名、生年月日、住所、本籍などを記入します

(1)	（よみかた）	えんまん　たろう
(2)	氏　名	氏 円満　名 太郎　☑男 □女
(3)	生年月日	昭和23年 7月 12日（生まれてから30日以内に死亡したときは生まれた時刻も書いてください。）☑午前 □午後 時 分
(4)	死亡したとき	令和 3 年 12 月 7 日 ☑午前 □午後 3 時 12 分
(5)	死亡したところ	東京都港区虎ノ門1丁目1 ~~番地~~ 番 1 号
(6)	住所（住民登録をしているところ）	東京都千代田区霞が関1丁目1番1号 世帯主の氏名 円満太郎
(7)	本籍（外国人のときは国籍だけを書いてください）	東京都千代田区霞が関1丁目1 ~~番地~~ 番 筆頭者の氏名 円満太郎
(8)(9)	死亡した人の夫または妻	☑いる（満 70 歳）　いない（□ 未婚 □ 死別 □ 離別）
(10)	死亡したときの世帯のおもな仕事と	□1. 農業だけまたは農業とその他の仕事を持っている世帯 □2. 自由業・商工業・サービス業等を個人で経営している世帯 ☑3. 企業・個人商店等（官公庁は除く）の常用勤労者世帯で勤め先の従業者数が1人から99人までの世帯（日々または1年未満の契約の雇用者は5） □4. 3にあてはまらない常用勤労者世帯及び会社団体の役員の世帯（日々または1年未満の契約の雇用者は5） □5. 1から4にあてはまらないその他の仕事をしている者のいる世帯 □6. 仕事をしている者のいない世帯
(11)	死亡した人の職業・産業	（国勢調査の年… 年…の4月1日から翌年3月31日までに届出をするときだけ書いてください） 職業　産業
	その他	
	届出人	☑1. 同居の親族 □2. 同居していない親族 □3. 同居者 □4. 家主 □5. 地主 □6. 家屋管理人 □7. 土地管理人 □8. 公設所の長 □9. 後見人 □10. 保佐人 □11. 補助人 □12. 任意後見人 □13. 任意後見受任者 住所 東京都千代田区霞が関1丁目1番1号 本籍 東京都千代田区霞が関1丁目1 ~~番地~~ 番　筆頭者の氏名 円満一郎 署名（※押印は任意） 円満一郎（円満） 昭和46年 5月 9日生
	事件簿番号	

届出を行う者の住所、本籍などを記入します

字訂正 字加入 字削除

日中連絡のとれるところ

電話（　　）

自宅 勤務先 呼出（　　方）

記入の注意

鉛筆や消えやすいインキで書かないでください。
死亡したことを知った日からかぞえて7日以内に出してください。
死亡者の本籍地でない役場に出すときは、2通出してください（札幌市内に提出する場合は、1通で結構です。）。2通の場合でも、死亡診断書は、原本1通と写し1通でさしつかえありません。

→「筆頭者の氏名」には、戸籍のはじめに記載されている人の氏名を書いてください。

→内縁のものはふくまれません。

□には、あてはまるものに☑のようにしるしをつけてください。

→死亡者について書いてください。

届け出られた事項は、人口動態調査（統計法に基づく基幹統計調査、厚生労働省所管）、がん登録等の推進に関する法律に基づく全国がん登録（厚生労働省所管）にも用いられます。

死亡診断書の記入例（医師が書きます）

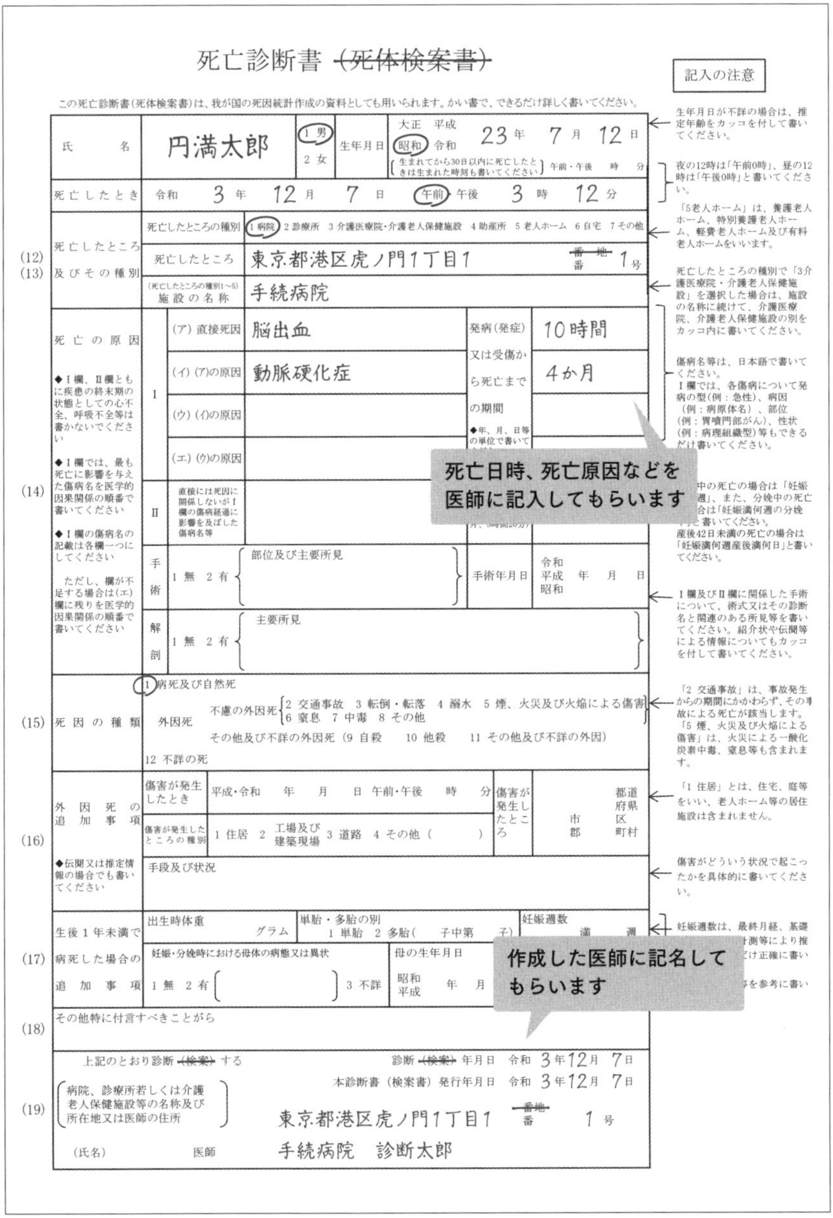

死亡診断書 ~~（死体検案書）~~

記入の注意

この死亡診断書（死体検案書）は、我が国の死因統計作成の資料としても用いられます。かい書で、できるだけ詳しく書いてください。

氏名：円満太郎　（1 男）2 女　生年月日：大正 平成 （昭和） 令和 23年 7月 12日（生まれてから30日以内に死亡したときは生まれた時刻も書いてください）午前・午後　時　分

死亡したとき：令和 3年 12月 7日 （午前）・午後 3時 12分

(12)(13) 死亡したところ及びその種別
- 死亡したところの種別：（1 病院） 2 診療所 3 介護医療院・介護老人保健施設 4 助産所 5 老人ホーム 6 自宅 7 その他
- 死亡したところ：東京都港区虎ノ門1丁目1 ~~番地~~ 番 1号
- （死亡したところの種別1〜5）施設の名称：手続病院

(14) 死亡の原因

◆I欄、II欄ともに疾患の終末期の状態としての心不全、呼吸不全等は書かないでください

◆I欄では、最も死亡に影響を与えた傷病名を医学的因果関係の順番で書いてください

◆I欄の傷病名の記載は各欄一つにしてください

ただし、欄が不足する場合は（エ）欄に残りを医学的因果関係の順番で書いてください

			発病（発症）又は受傷から死亡までの期間 ◆年、月、日等の単位で書いて
I	（ア）直接死因	脳出血	10時間
	（イ）（ア）の原因	動脈硬化症	4か月
	（ウ）（イ）の原因		
	（エ）（ウ）の原因		
II	直接には死因に関係しないがI欄の傷病経過に影響を及ぼした傷病名等		
手術	1 無 2 有	部位及び主要所見	手術年月日 令和 平成 昭和 年 月 日
解剖	1 無 2 有	主要所見	

(15) 死因の種類：（1） 病死及び自然死
外因死　不慮の外因死｛2 交通事故 3 転倒・転落 4 溺水 5 煙、火災及び火焔による傷害　6 窒息 7 中毒 8 その他｝
その他及び不詳の外因死（9 自殺 10 他殺 11 その他及び不詳の外因）
12 不詳の死

(16) 外因死の追加事項
◆伝聞又は推定情報の場合でも書いてください
- 傷害が発生したとき：平成・令和 年 月 日 午前・午後 時 分
- 傷害が発生したところの種別：1 住居 2 工場及び建築現場 3 道路 4 その他（ ）
- 傷害が発生したところ：都道府県 市 区 郡 町村
- 手段及び状況

(17) 生後1年未満で病死した場合の追加事項
- 出生時体重 グラム
- 単胎・多胎の別 1 単胎 2 多胎（ 子中第 子）
- 妊娠週数 満 週
- 妊娠・分娩時における母体の病態又は異状 1 無 2 有（ ） 3 不詳
- 母の生年月日 昭和 平成 年 月

(18) その他特に付言すべきことがら

(19) 上記のとおり診断 ~~（検案）~~ する
診断 ~~（検案）~~ 年月日 令和 3年12月 7日
本診断書（検案書）発行年月日 令和 3年12月 7日
（病院、診療所若しくは介護老人保健施設等の名称及び所在地又は医師の住所）東京都港区虎ノ門1丁目1 ~~番地~~ 番 1号
（氏名） 医師 手続病院 診断太郎

記入の注意：
- 生年月日が不詳の場合は、推定年齢をカッコを付して書いてください。
- 夜の12時は「午前0時」、昼の12時は「午後0時」と書いてください。
- 「5老人ホーム」は、養護老人ホーム、特別養護老人ホーム、軽費老人ホーム及び有料老人ホームをいいます。
- 死亡したところの種別で「3介護医療院・介護老人保健施設」を選択した場合は、施設の名称に続けて、介護医療院、介護老人保健施設の別をカッコ内に書いてください。
- 傷病名等は、日本語で書いてください。I欄では、各傷病について発病の型（例：急性）、病因（例：病原体名）、部位（例：胃噴門部がん）、性状（例：病理組織型）等もできるだけ書いてください。
- 中の死亡の場合は「妊娠 週」、また、分娩中の死亡 合は「妊娠満何週の分娩 と書いてください。産後42日未満の死亡の場合は「妊娠満何週産後満何日」と書いてください。
- I欄及びII欄に関係した手術について、術式又はその診断名と関連のある所見等を書いてください。紹介状や伝聞等による情報についてもカッコを付して書いてください。
- 「2 交通事故」は、事故発生からの期間にかかわらず、その事故による死亡が該当します。「5 煙、火災及び火焔による傷害」は、火災による一酸化炭素中毒、窒息等も含まれます。
- 「1 住居」とは、住宅、庭等をいい、老人ホーム等の居住施設は含まれません。
- 傷害がどういう状況で起こったかを具体的に書いてください。
- 妊娠週数は、最終月経、基礎 計測等により推 け正確に書い 等を参考に書い

＼ぶっちゃけ／

4 年金の受給停止手続は10日以内！ 放置すると大問題に！

故人が年金を受給していた場合、**国民年金の場合は14日以内、厚生年金の場合は10日以内**に、受給停止の手続をしなければなりません。

手続が必要な人、不要な人

日本年金機構にマイナンバーが収録されている方については、役所に死亡届を提出することによって、その情報が年金事務所にも共有されるため、手続は不要です。日本年金機構に故人のマイナンバーが収録されているかどうかを知るには、年金事務所に確認をする必要があります。

マイナンバーが収録されていなかった場合には、「受給権者死亡届（報告書）」に必要事項を記入し、故人の年金証書と、死亡診断書のコピー等を添えて、年金事務所または年金相談センターに提出します。なお、故人が障害基礎年金、遺族基礎年金のみを受けていた場合には、提出先は年金事務所ではなく、役所になります。

知らないうちに不正受給していた!?

「亡くなったはずの両親の年金を何年間も不正受給していた」というニュースが流れることがありますが、**死亡届を提出しないと、本来もらえないはずの年金が支給され続け、後々問題になる**ことがあります。忘れずに手続をしましょう。

なお、故人がもらえるはずだった年金（未支給年金）の申請方法は74ページで解説します。

受給権者死亡届（報告書）の記入例

様式第５１５号

届書コード	処理区分コード	届書
8501		

国民年金・厚生年金保険・船員保険・共済年金・年金生活者支援給付金
受給権者死亡届(報告書)

死亡した受給権者				
❶ 基礎年金番号 および年金コード	基礎年金番号 ○○○○○○○○○○		年金コード（複数請求する場合は右の欄に記入）	○○○○
❷ 生年月日	明治・大正・(昭和)・平成・令和	○○年 ○○月 ○○日		
㋐ （フリガナ）	エンマン	タロウ		
氏名	(氏) 円満	(名) 太郎		
❸ 死亡した年月日	昭和・平成・(令和)	○○年 ○○月 ○○日		送信

届出者				
❹ （フリガナ）	エンマン	イチロウ	❺ 続柄	※続柄
氏名	(氏) 円満	(名) 一郎	子	
※ ❻ 未支給 有 無	❼ 郵便番号 ○○○－○○○○	㋑ 電話番号 ○○○－○○○○－○○○○		
❽ （フリガナ）	※住所コード	○○シ	○○チョウ○バン○ゴウ	
住所		○○ (市)区町村	○○町○番○号	送信

◎　未支給の年金・給付金を請求できない方は、死亡届（報告書）のみご記入ください。

◎　死亡届のみを提出される方の添付書類
　1．死亡した受給権者の死亡の事実を明らかにすることができる書類
　　（個人番号（マイナンバー）が収録されている方については不要です）
　　・住民票除票
　　・戸籍抄本
　　・死亡診断書（コピー可）　　などのうち、いずれかの書類

　2．死亡した受給権者の年金証書
　　年金証書を添付できない方は、その事由について以下の事由欄にご記入ください。

（事由）

(ア)、廃棄しました。　（令和○○年　○月　○日）
イ、見つかりませんでした。今後見つけた場合は必ず廃棄します。
ウ、その他（　　　　　　　　　　　　　　）

㋕ 備考	

市区町村
受付年月日

実施機関等
受付年月日

令和 ○○年 ○○月 ○○日　提出

年金事務所記入欄	
※遺族給付同時請求	有（上・外）・無
※未支給請求	有・無

4

＼ぶっちゃけ／
5 世帯主変更は14日以内に！遅れると5万円のペナルティ!?

世帯主が亡くなった場合には、「世帯主の変更届」が必要です。期限は14日以内とタイトです。

世帯主とは、１つの住民票の中に記載されている世帯の代表者のことをいいます。主に世帯の生計を担っている人で、社会通念上妥当と認められる人と定義されていますが、15歳以上の人であれば、年齢や所得に関係なく、世帯主として届け出ることが可能です。

世帯主の役割として身近な事例では、新型コロナウイルス対策として国民１人につき一律10万円が支給された特別定額給付金について、世帯主の口座に家族全員分が振り込まれるしくみがとられました。

このように**世帯を代表して行政的な手続を行う人のことを世帯主といいます。**

住民異動届とは？

世帯主が死亡した場合に、亡くなった世帯主から新しい世帯主へと登録変更をするための届出です。様式は市区町村によって異なりますが、役所の窓口やホームページから入手が可能です。

提出先は？

現在住んでいる市区町村役場に提出します。支所や出張所、サービスコーナーでは受付をしていない場合もありますので、ご注意ください。また、**郵送での手続は原則としてできません。**

届出ができる人は？

●変更後の世帯主となる人、あるいは同一世帯の人

住民異動届の記入例

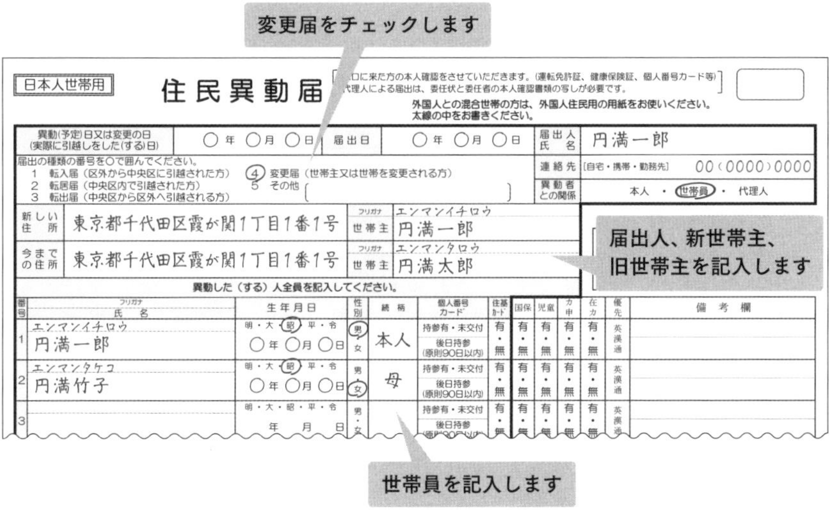

※様式や記載内容は市区町村によって異なります

※上記の人から委任を受けた代理人が手続することも可能

届出に必要なものは？

- 窓口に行く人の本人確認書類（運転免許証、マイナンバーカード、パスポートなど）
- 窓口に行く人の印鑑（認印でOKです）
- 国民健康保険証（加入している場合のみ）
- 代理人が届出をする場合には、委任状

印鑑については、届出書に届出人が署名をする場合には不要です。故人の配偶者がお年を召していて、ご自身で住民異動届を記載することが難しく、付き添いの子供が記載するような場合には、ご自身の印鑑が必要になりますので、ご持参ください。

ちなみに、「印鑑をなくそう！」という世の中の流れはありますが、この届出については、令和３年時点において、印鑑が必要とされています。

届出しなくても良い場合があるって本当？

変更する必要がない場合や変更にあたって選択の余地がない場合には、この手続は必要ありません。具体例を挙げます。

①１人暮らしだった方が亡くなった場合には、その後、その世帯で世帯主となる人が存在しないため、届出は不要です。
②世帯主が亡くなり、その世帯に残った人が１人だけの場合には、新たに世帯主になる人が確定している（選択の余地がない）ため、届出は不要です。
③もともと世帯主でなかった方が亡くなった場合には、変更する必要がないため、届出は不要です。
④世帯に残った人が、配偶者と15歳未満の子供である場合、15歳未満の子供は世帯主になることができないため、届出は不要です。

つまり、**世帯主が死亡し、その世帯に15歳以上の方が２人以上残っている場合には届出が必要**ということになります。

期限を過ぎると罰則あり!?

変更の事由が生じた日（世帯主の方が亡くなった日）から14日以内に提出をする必要があります。**世帯主の変更を14日以内にできなかった場合、住民異動届とあわせて届出期間経過通知書を提出しなければなりません。**これは、届出期限までに提出できなかった理由を記載するための書類です。この通知書は管轄の簡易裁判所に送付され、遅延期間や遅延理由によっては**５万円以下の過料**が科される可能性があります。

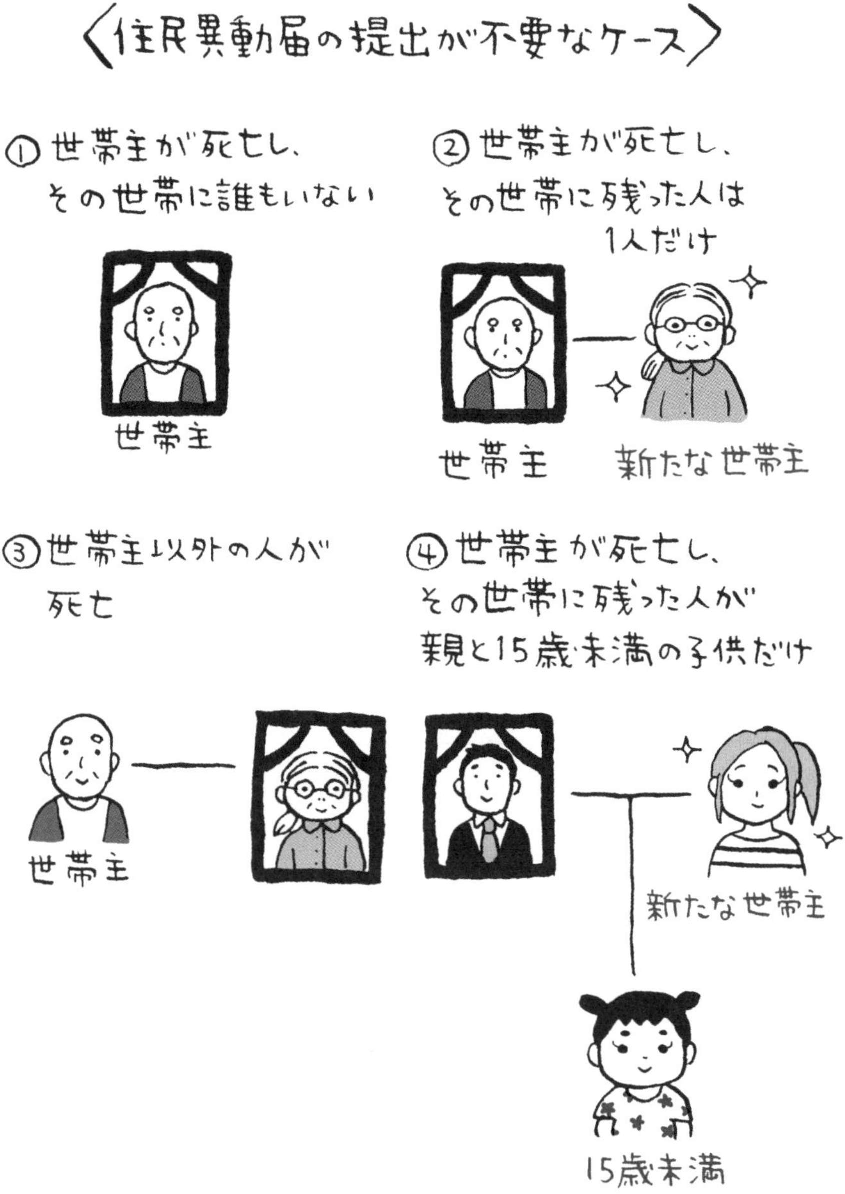
〈住民異動届の提出が不要なケース〉
①世帯主が死亡し、
その世帯に誰もいない
世帯主
②世帯主が死亡し、
その世帯に残った人は
1人だけ
世帯主
新たな世帯主
③世帯主以外の人が
死亡
④世帯主が死亡し、
その世帯に残った人が
親と15歳未満の子供だけ
世帯主
新たな世帯主
15歳未満

＼ぶっちゃけ／
6

同じ住所でも委任状が必要？ 住民異動届の注意点

住民異動届の届出ができるのは、新たに世帯主になる本人、もしくは同一世帯の人です。それ以外の人が届出をする場合には、委任状が必要になります。委任状が必要になるケースを見ていきましょう。

A県に父、母、次男が同居しています。長男はB県で自分の家族と暮らしていたとします。住民票上の住所が別であるこの状態を**「別世帯」**と呼びます。この度、A県で暮らしている父が亡くなり、母が新たな世帯主になりました。しかし、年老いた母では手続が難しいため、別世帯の長男が代わりに世帯主変更のための住民異動届を提出することにしました。この場合、母から長男への委任状は必要になります。

同居していても、委任状が必要？

他のパターンも紹介します。父、母、次男と長男一家が同居していたとします。同じ家に住んでいますが、父らと長男家族は、お財布は別々で、独立した生活を送っています。住民票上の住所が同じであっても、生計を共にしていない状態を**「同住所別世帯」**と呼びます。

その状態で父が亡くなり、父、母、次男世帯は、母を新たな世帯主にしました。しかし、年老いた母では手続が難しいため、同住所別世帯の長男が代わりに住民異動届を提出することにしました。

この場合も母から長男への委任状は必要なのです。**同じ住所であっても世帯が別のため、委任状が必要**となります。

ちなみに、住民票上の住所が同じであり、かつ、生計を共にしている状態のことを**「同一世帯」**と呼びます。生計を共にしているとは、生活費を同じお財布から出している状態を指します。この場合、母から長男への委任状は不要となります。

同住所別世帯

世帯ごとに財布（家計）が別々
⇒委任状が必要

同一世帯

1つの財布（家計）でやりくり
⇒委任状は不要

＼ぶっちゃけ／

7 日本の３つの保険制度、ポイントを解説！

まず、医療保険制度の概要について簡単にお話をします。

相互扶助の精神に基づき、国民全員が加入することを義務づけられています。病気やケガに備えて、あらかじめ保険料を出し合い、実際に医療を受けたときに、医療費に充当されるしくみです。医療機関を受診すると、原則１～３割の自己負担で済みますが、残りは自身が加入している医療保険から医療機関に支払いがされています。医療保険は、大きく次の３つに分類されます。

- **健康保険**は、サラリーマンなど、民間企業等に勤めている人やその人に扶養されていた家族が加入する医療保険制度です。個人ごとに年齢や収入に応じて保険料が算定され、その半分を個人が負担、残りの半分を勤めている企業が負担します。

- **国民健康保険**は、自営業者、農業者、会社を退職し健康保険を任意継続せずに脱退した人、無職の人およびその人に扶養されていた家族が加入する医療保険制度です。保険料算定のしくみは、前年の所得、加入者数、年齢をもとに計算します。

- **後期高齢者医療保険**は、75歳（寝たきり等一定の障害があると認定された場合は65歳）以上の人が加入する医療保険制度です。保険料算定のしくみは前年所得に応じて計算される所得割額と、加入者全員が等しく負担する均等割額をもとに計算します。

では次項より、保険ごとの相続手続を見ていきましょう。

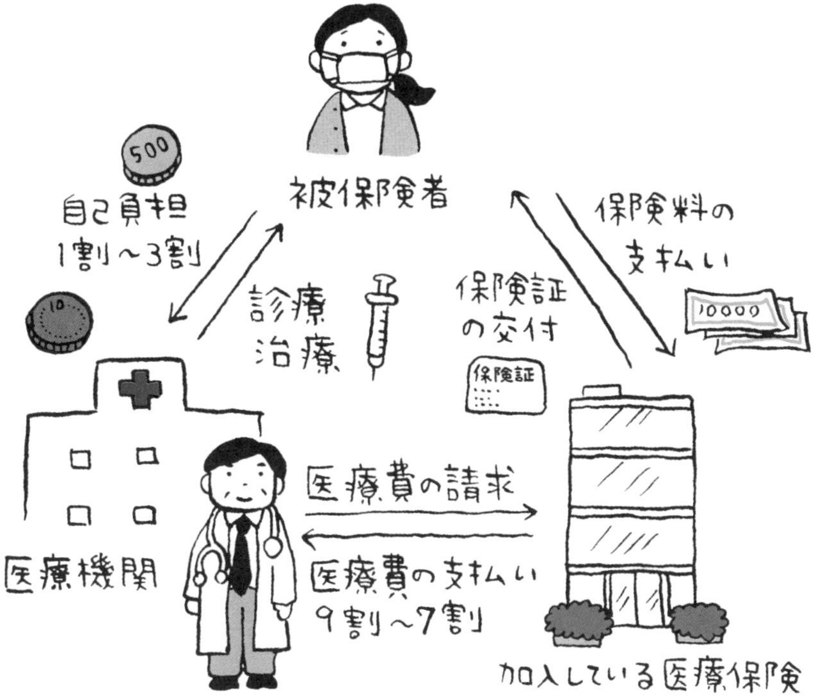
被保険者
自己負担
1割～3割
診療
治療
保険証
の交付
保険料の
支払い
保険証
医療機関
医療費の請求
医療費の支払い
9割～7割
加入している医療保険

医療保険
健康保険
国民健康保険
後期高齢者
医療保険

＼ぶっちゃけ／

8 会社員が亡くなったときの保険手続

健康保険に加入されていた方の資格喪失に関する手続は、基本的に勤務していた会社の担当者が行います。**勤務先は、亡くなった日から５日以内に健康保険・厚生年金保険被保険者資格喪失届を提出する必要がある**ため、速やかに勤務先に連絡をしましょう。

保険証は勤務先を通して返却されるため、亡くなった本人と扶養されていた家族の保険証は勤務先に渡すことになります。やむを得ず自身で返却する場合には、会社の住所がある各都道府県の協会けんぽや会社が加入していた健康保険組合に返却します。保険証に協会けんぽ等の名称と住所の記載がありますので、自身で返却する場合には、そちらに問い合わせをしましょう。

また、亡くなった翌日より故人の保険証は使用できなくなります。故人に扶養されていた家族は、別の家族の扶養に入らない限り、**国民健康保険への切り替え（加入）手続を行う必要があります。**

国民健康保険への切り替えは自分で行う

なお、国民健康保険への切り替え（加入）手続は、死亡した翌日から14日以内に、お住まいの市区町村に「国民健康保険関係届」を提出することにより行います。その際、次のものが必要になります。

手続に必要なもの

- 健康保険資格喪失証明書（協会けんぽや健康保険組合または事業所が発行したもの）
- マイナンバーがわかるもの（なくても手続は可能です）
- 印鑑

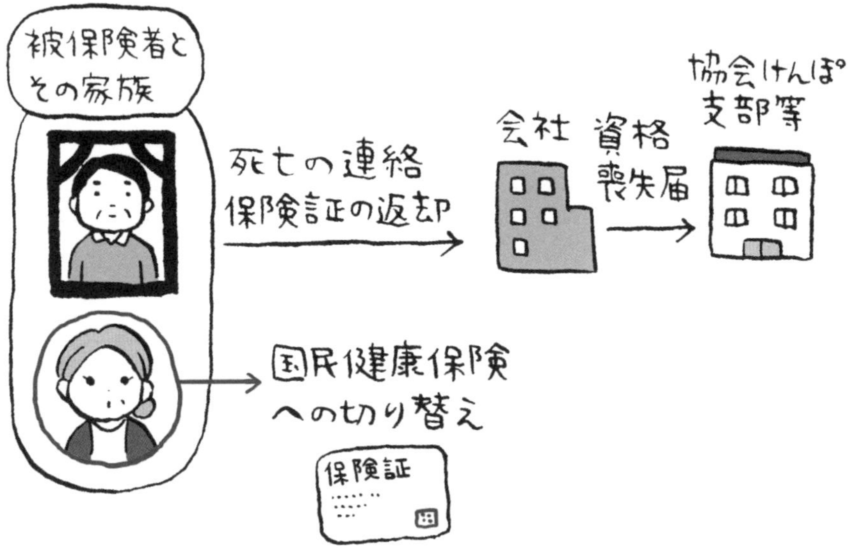

郵送でも手続が可能です。ただし、窓口で手続を行い、運転免許証などで、加入者本人と確認できる場合は、原則として、当日に保険証を受領できます。

年金はどうなる?

遺族厚生年金等の受給が可能な場合があります。また、国民年金への加入が必要な場合もあります。年金関連については、68ページ以下で詳しく解説します。

＼ぶっちゃけ／

9 自営業者等が亡くなったときの保険手続

国民健康保険に加入していた方が亡くなった場合には、死亡した日から14日以内に「国民健康保険資格喪失届（国民健康保険被保険者異動届）」を故人の住んでいた市区町村役場に提出しなければいけません。

届出ができる人は、世帯主もしくは同一世帯の人（委任状があれば、代理人でも可能）です。手続には次のものが必要になります。

- 国民健康保険証
- 死亡を証明する書類（戸籍謄本や死亡届のコピーなど）
- 窓口で手続をする人の本人確認書類（運転免許証など）
- 印鑑（認印でOKです）

国民健康保険証のここを確認！

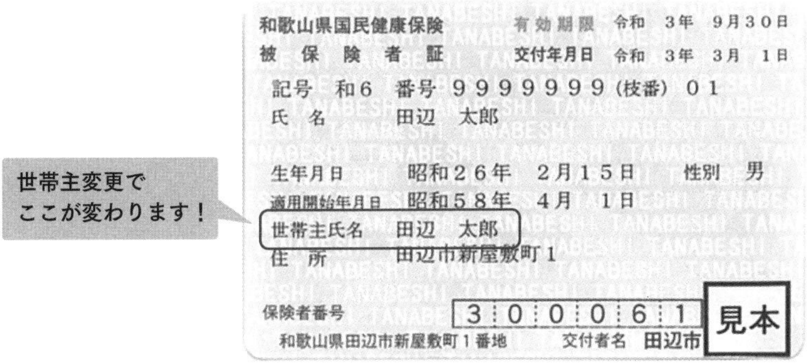

亡くなった加入者本人の保険証は市区町村役場に返却します。また、世帯主が亡くなった場合で、同一世帯に加入者がいる場合には、保険証の世帯主欄を変更する必要がありますので、加入者の保険証を持参してください。なお、国民健康保険資格喪失届は、郵送でも手続することが可能な市区町村もありますので、事前に市区町村に確認しましょう。

保険証の世帯主欄を変更するためには、世帯主の変更届を行いましょう。**世帯主の変更をすると、新しい世帯主宛に郵送で、新しい保険証が送られてきます**（世帯主の変更については32ページで解説）。

ちなみに、会社員等が加入している健康保険では、被保険者は本人のみで、その家族は被扶養者と呼ばれます。一方、国民健康保険では、家族１人１人が被保険者となります。ただし、届出や保険料の納付は、世帯ごとに世帯主が行うことになります。

これは、世帯主が健康保険に加入している場合であっても同様です。世帯主の変更届は早急に済ませるようにしましょう。

＼ぶっちゃけ／

10 75歳以上の人が亡くなったときの保険手続

後期高齢者医療保険は、都道府県ごとに全市区町村が加入する「後期高齢者医療広域連合」が運営をしています。保険料の決定、医療費の支給等は広域連合が行いますが、保険料の徴収、届出関連は市区町村が行っています。後期高齢者医療保険に加入している方が亡くなった場合には、死亡した日から14日以内に「後期高齢者医療障害認定申請書及び資格取得（変更・喪失）届書」の提出が必要になります。

必要なもの

- 亡くなった方の保険証
- 申請者の印鑑（認印でOK）

届書は、各連合会によって様式が異なりますが、都道府県の後期高齢者医療広域連合会や各都道府県のホームページ、または市区町村役場の担当窓口で入手可能です。提出先は市区町村役場の担当窓口です。

市区町村によっては、マイナンバーや届出をする人の本人確認書類が必要となる場合もあります。また、国民健康保険と同様、**死亡届を提出していれば、「後期高齢者医療障害認定申請書及び資格取得（変更・喪失）届書」の提出が不要となる場合もあります。**その場合、医療機関での精算など保険証が必要となる手続が終了した後に、市区町村役場の担当窓口に保険証を返却することになります。

後期高齢者医療保険制度には扶養という考えがないため、加入者全員が個々に保険料を支払います。そのため、後期高齢者医療保険制度に加入している夫が亡くなった場合でも、健康保険のように妻は国民健康保険への加入手続が必要となるなど、別途の手続は生じません。

＼ぶっちゃけ／

11 最大７万円もらえる埋葬料・葬祭費の申請を忘れずに！

葬儀費用の負担を軽減するための給付金があります。故人が、健康保険の被保険者の場合には**「埋葬料」**、国民健康保険（または後期高齢者医療保険）の被保険者の場合には**「葬祭費」**という名称になります。給付を受けるためには申請が必要になります。

埋葬料とは？

亡くなった被保険者に生計を維持されており、埋葬を行う方に、埋葬料として一律５万円が支給されます。この**「生計を維持されていた」とは、被保険者に生活費の全部または一部を負担してもらっていたことを意味し、民法上の親族である必要はありません。**同居人や親族以外で生計を維持されていたことを証明する場合には、生活費を継続して振り込んでいた通帳の履歴などを提出する必要があります。

また、申請できる人（被保険者に生活費を負担してもらっていた人）がいない場合は、実際に埋葬をした人が申請することができます。この場合、５万円を上限として、実際に埋葬にかかった費用（埋葬費）が支給されます。

申請書は故人の勤務先の健康保険組合もしくは協会けんぽホームページ等から入手が可能です。

また、親族でない方が申請をする場合には、埋葬に要した費用の領収書の添付が必要になります。これらを準備したうえで、故人の勤務先の健康保険組合もしくは協会けんぽに提出します。

申請は、**亡くなった日（親族でない方が申請をするときは埋葬をした日）の翌日から２年で時効**となりますので、忘れず手続を行いましょう。

埋葬料（費）支給申請書の記入例①

※故人が健康保険の被保険者の場合

健康保険 被保険者 家族 埋葬料（費）支給申請書

1 2 ページ 埋

被保険者記入用

記号、番号は健康保険証に記載されています

…、「健康保険 被保険者 家族 埋葬料（費）支給申請書 記入の手引き」をご確認ください。

…楷書で枠内に丁寧にご記入ください。

記入見本	0	1	2	3	4	5	6	7	8	9	ア	イ	ウ

被保険者情報※

被保険者証の（左づめ）	記号 ○○○○○○○○　番号 ○○○○○○○
生年月日	1（1.昭和 2.平成 3.令和） 年 ○○ 月 ○○ 日 ○○
氏名	（フリガナ） エンマンイチロウ 円満一郎
住所	〒 ○○○○○○○　○○ 都道府県（県） ○○市○○町○番○号
電話番号（日中の連絡先）※ハイフン除く	TEL ○○○○○○○○○○○○

被保険者が亡くなっての申請の場合は、申請者の氏名、住所、銀行口座を記入してください

振込先指定口座※

金融機関名称	○○○○○　（銀行） 金庫 信組 農協 漁協 その他（　　）
預金種別	1（1. 普通 3. 別段 2. 当座 4. 通知）
口座番号	○○○○○○○　左づめでご記入ください。
口座名義	▼カタカナ（姓と名の間は1マス空けてご記入ください。濁点（゛）、半濁点（゜）は1字としてご記入ください。） エンマン イチロウ
口座名義の区分	1（1. 被保険者（申請者） 2. 代理人）

「2」の場合は必ず記入してください。

受取代理人の欄

被保険者（申請者）	本申請に基づく給付金に関する受領を下記の代理人に委任します。 1.平成 2.令和　年　月　日 氏名 住所 「被保険者情報」の住所と同じ
代理人（口座名義人）	〒　TEL（ハイフン除く） 住所 （フリガナ） 氏名
被保険者（申請者）との関係	

※ご注意ください

被保険者が亡くなられての申請の場合、「被保険者証の記号番号」と「生年月日」は被保険者の情報をご記入ください。「氏名」、「住所」「電話番号」「振込先指定口座」は実際に申請される方の情報をご記入ください。

「被保険者・事業主記入用」は2ページに続きます。»»

被保険者のマイナンバー記載欄

被保険者証の記号番号がご不明の場合にご記入ください。

記入した場合は、本人確認書類及び貼付台紙の添付が必要となります。

（詳細は「記入の手引き」をご覧ください。）

(2021.6)

受付日付印

社会保険労務士の提出代行者名記載欄

様式番号 6 3 1 1 6 7

協会使用欄 1

全国健康保険協会

協会けんぽ

1 / 2

埋葬料（費）支給申請書の記入例②

※故人が健康保険の被保険者の場合

健康保険 被保険者 家族 埋葬料（費）支給申請書

1 2 ページ

被保険者・事業主記入用

被保険者氏名　円満太郎

申請内容

死亡年月日	死亡原因	第三者の行為によるものですか
死亡した方の 2 1.平成 2.令和 ○○年○○月○○日	脳出血	□はい ☑いいえ 「はい」の場合は「第三者行為による傷病届」を提出してください。

●家族（被扶養者）が死亡したための申請であるとき

ご家族の氏名		生年月日	1.昭和 2.平成 3.令和 　年　月　日	被保険者との続柄	

亡くなられた家族は、退職などにより健保組合などが運営する健康保険の資格喪失後に被扶養者の認定を受けた方であって、次のいずれかに当てはまる方ですか。
①資格喪失後、3か月以内に亡くなられたとき
②資格喪失後、傷病手当金や出産手当金を引き続き受給中に亡くなられたとき
③資格喪失後、②の受給終了後、3か月以内に亡くなられたとき
1. はい
2. いいえ

「はい」の場合、家族が被扶養者認定前に加入していた健康保険の保険者名と記号・番号をご記入ください。
保険者名
記号・番号

故人の死亡理由等を記入します

●被保険者が死亡したための申請であるとき

被保険者の氏名	円満太郎	被保険者からみた申請者との身分関係		埋葬した年月日	1.平成 2.令和 　年　月　日
埋葬に要した費用の額	円	法第3条第2項被保険者として支給を受けた時はその金額（調整減額）	円		

亡くなられた方は、退職などによる協会けんぽの被保険者資格の喪失後、家族の被扶養者となった方であって、次のいずれかに当てはまる方ですか。
①資格喪失後、3か月以内に亡くなられたとき
②資格喪失後、傷病手当金や出産手当金を引き続き受給中に亡くなられたとき
③資格喪失後、②の受給終了後、3か月以内に亡くなられたとき
1. はい
2. いいえ

「はい」の場合、資格喪失後に家族の被扶養者として加入していた健康保険の保険者名と記号・番号をご記入ください。
保険者名
記号・番号

事業主証明欄

氏名	被保険者・被扶養者の別	死亡年月日
死亡した方の　円満太郎	(被保険者)　被扶養者	2 1.平成 2.令和 ○○年○○月○○日 死亡

上記のとおり相違ないことを証明します　2 1.平成 2.令和 ○○年○○月○○日

事業所所在地　○○県○○市○○町○番○号

事業所名称　株式会社○○○○

事業主氏名　民法正一

TEL ※ハイフン除く　○○○○○○○○○○

事業主（会社）に記入してもらいます

様式番号

6 3 1 2 6 6

全国健康保険協会 協会けんぽ

2 / 2

葬祭費とは？

国民健康保険か後期高齢者医療保険に加入していた人が亡くなった場合には、葬祭費として３万円～７万円が支給されます。金額は市区町村によって異なりますが、東京都で最も人口が多い世田谷区では７万円が支給されます。**申請できる人は、葬祭執行人、いわゆる喪主**です。

申請書は各自治体によって、様式が異なります。市区町村役場の窓口もしくはホームページから入手が可能です。

申請に必要なものは下記の通りですが、こちらも自治体によって異なりますので、申請前に確認することをオススメします。インターネットで「○○区　葬祭費」などと検索をしていただくと簡単に必要なものを確認することができます。代表的なものを紹介します。

- 故人の保険証
- 申請者の本人確認書類
- 申請者の印鑑（認印でOKです）
- 葬儀の領収書（宛名が申請者である喪主と同一である必要があります。コピーで可能な市区町村もあれば、原本が必要となる市区町村もあります）
- 申請者の振込口座の確認ができるもの（申請者以外の口座に入金する場合には、委任状が必要です）

市区町村によっては、死亡診断書や火葬許可証などの死亡が確認できる書類や、喪主であることを証明するための書類として会葬礼状などの提出が求められるところもあります。

申請をしてから、約１か月後に指定口座に入金がされるのが一般的です。**申請は、葬儀をした日の翌日から２年で時効**となりますので、忘れずに手続をしましょう。

葬祭費等支給申請書の記入例

※故人が国民健康保険、後期高齢者医療保険の被保険者の場合

国保：第20号様式（第8条、第30条関係）
後期：第1号様式（第4条関係）

●死亡者の被保険者（記号）番号

国民健康保険	(記号) 1 2 − ○○	(番号) ○○○○
後期高齢医療制度		

後期高齢者医療保険に加入の場合は、下段に記入します

…ください

国民健康保険
後期高齢者医療
葬祭費等支給申請書

金額	¥	7	0	0	0	0

ただし

死亡者	氏名	フリガナ　エンマンタロウ 円満太郎	生年月日	○○ 年 ○ 月 ○ 日
	死亡原因に交通事故等が関係している【　はい　・　いいえ（○）　】			

に対する葬祭費等を申請しますので、支給額を次の口座へ振り込んでください。

申請日	○○○○ 年　○ 月　○ 日

振込口座	○○ 銀行（○）・信金・信組・農協	○○ 本店・支店（○）・出張所	支店番号	○○○	預金種目	普通（○）・当座	口座番号	○○○○○○○
	口座名義人（カタカナ）	エンマン　イチロウ						

※口座名義人は、上段から左詰めで記入してください。濁点・半濁点は1字として、姓と名の間は1字空けてください。

※申請者（葬祭執行人）以外の口座へ振り込む場合は、委任状が必要です。委任状は裏面にあります。

申請者　葬祭執行人（領収書宛名と同じ）	住所	〒○○○-○○○○　○○県○○市○○町○番○号		
	氏名	フリガナ　エンマンイチロウ 円満一郎	電話番号	○○○○○○○○○○

申請者の住所、電話番号を記入します

【注意】死亡者が後期高齢者医療制度加入者の場合には、該当する申請者の続柄に丸をつけてください。

配偶者・子・兄弟姉妹・兄弟姉妹の子・子の子・成年後見人・その…

※死亡者が後期高齢者医療制度加入者の場合には、死亡者の保険料に関する…を希望される場合は、下記に氏名等をご記入ください。

住所	〒		
氏名		電話番号	

後期高齢医療制度の葬祭費の内訳　葬祭費（広域連合分）：50,000円　葬祭給付金（世田谷区分）：20,000円

《以下は世田谷区処理欄》

添付書類チェック
□葬儀費用領収書（写）

事象発生日（死亡日）
年　月　日

備考

資格確認（社保離3カ月チェック）	
□社保離3カ月超	□社保離以外
受付窓口・収受印	受付者
	入力者
	確認者
	所管課担当
	決定入力日

＼ぶっちゃけ／

12 介護保険の資格喪失手続も14日以内です！

まず、介護保険制度の概要について簡単にお話をします。

介護保険制度とは、65歳以上の人で、保険・医療・福祉の専門家で構成される「介護認定審査会」から、介護が必要と認定された人や、40歳から64歳までの人で、特定疾病により介護が必要と認定された方に介護サービスを提供する制度です。認定の申請は市区町村の窓口で行います。必要な介護の度合いに応じて、自立、要支援１・２、要介護１～５に区分されています。

40歳になると介護保険料の支払いが必要になり、**40歳から生涯にわたって毎月払い続ける**こととなります。この保険料を財源に介護保険制度が運営されています。

要支援と要介護の区分

自立	日常生活は自分で行うことができる。 介護保険での介護サービスは必要なし
要支援1	日常生活はほぼ自分でできるが、少し支援が必要
要支援2	日常生活に支援が必要だが、要介護には至らず、 機能が改善する可能性が高い
要介護1	立ち上がりや歩行が不安定。排泄や入浴などに部分的な介助が必要
要介護2	立ち上がりや歩行が困難。排泄や入浴などに一部または全介助が必要
要介護3	立ち上がりや歩行が自力でできない。 排泄、入浴、衣服の着脱など、全面的な介助が必要
要介護4	排泄、入浴、衣服の着脱など日常生活の全般において全面的な介助が必要
要介護5	日常生活全般において全面的な介助が必要であり、意思の伝達も困難

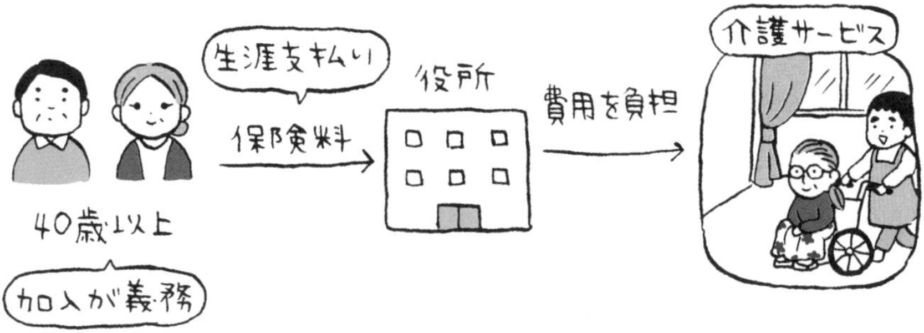

毎月支払いをする保険料は、健康保険加入者（会社員等）であれば、健康保険と一緒に、給与から天引き徴収されます。保険料は、各健康保険組合によって決め方が異なりますが、給与をもとに計算される標準報酬に保険料率を掛けて算出され、事業主がその半分を負担します。国民健康保険加入者であれば、所得割、均等割、平等割、資産割の4つを自治体の財政により独自に組み合わせて計算されます。

65歳以上もしくは40歳から64歳で特定疾病になった場合には、介護サービスを利用できるようになります。ただし、介護サービスの利用を開始するには、市区町村に申請をして要介護認定・要支援認定を受けることが必要になります。

死亡した場合の手続

65歳以上の方、または40歳以上65歳未満で要介護・要支援認定を受けていた方が亡くなった場合には、介護保険の資格喪失手続が必要となります。一方、40歳以上65歳未満で要介護・要支援認定を受けていない方が亡くなった場合には、手続は不要です。

資格喪失の手続は、死亡後14日以内に行う必要があります。 提出先は故人の住民票のある市区町村役場です。遅れても過料は科されませんが、できるだけ早めに手続しましょう。

手続に必要なもの

- 介護保険資格喪失届
- 介護保険被保険者証

市区町村によっては、資格喪失届を提出しなくても、死亡届を提出するだけで完了する場合や介護保険被保険者証を返却するだけで手続が完了する場合、電話での通知で完了する場合もあります。また、保険者証の返却が不要（こちらで処分してOK）な市区町村もありますので、事前にお住まいの市区町村に確認することをオススメします。

届出書の様式は、市区町村によって異なりますが、市区町村の窓口で入手が可能です。また、市区町村によっては、公式ホームページから入手できるところもあります。

介護保険被保険者証についてですが、実際に手続を行う相続人が所有していることは少なく、馴染みがないかもしれませんね。市区町村によって、色が異なりますが、**薄いピンクや黄色が多い**ようです。

担当のケアマネジャーさんが手続のために預かっていることもありますので、保管場所について随時家族内で共有しておくと後の手続がスムーズですね。ただし、「見つからない」「亡くなった方が紛失していた」ということがあっても、再発行や紛失の届出などの必要はありません。

\ぶっちゃけ/

13 納め過ぎた介護保険料は返してもらいましょう！

年の中途で死亡した場合には、介護保険料は月割りで再計算され、市区町村より「介護保険料変更決定通知書」が送付されます。変更に伴い、介護保険料が納め過ぎとなった場合には、相続人に対して返金（還付）され、不足する場合は、相続人が不足分を納付することとなります。

ちなみに、介護保険料は、資格喪失日を含む月の前月分までを負担しなければいけません。**資格喪失日は、死亡日の翌日であるため、月末にお亡くなりになった場合には、ひと月分、多く負担する必要があります。**

多く納め過ぎていた場合には、「還付通知書」「還付請求書」が送付されます（市区町村によって書類の名称が異なり「還付金口座振替依頼書」などと呼ぶところもあります）。必要事項を記載のうえ、返送すると指定口座におおむね２～３週間後に振り込まれます。

逆に不足していた場合には、納付書が送付されてきます。

「還付通知書」や「納付書」は、故人の住民登録をしている住所に送付されますが、希望をすれば、相続人の自宅など、別の住所へ送付することも可能です。

故人が年金を受給していた場合

なお、故人が年金を受給していた場合には、日本年金機構や各種共済組合に対して死亡の届出を行うことで、市区町村が亡くなった後に振り込まれる年金から特別徴収した介護保険料の過不足を計算し、差額の納付書または還付通知書が送付されます。

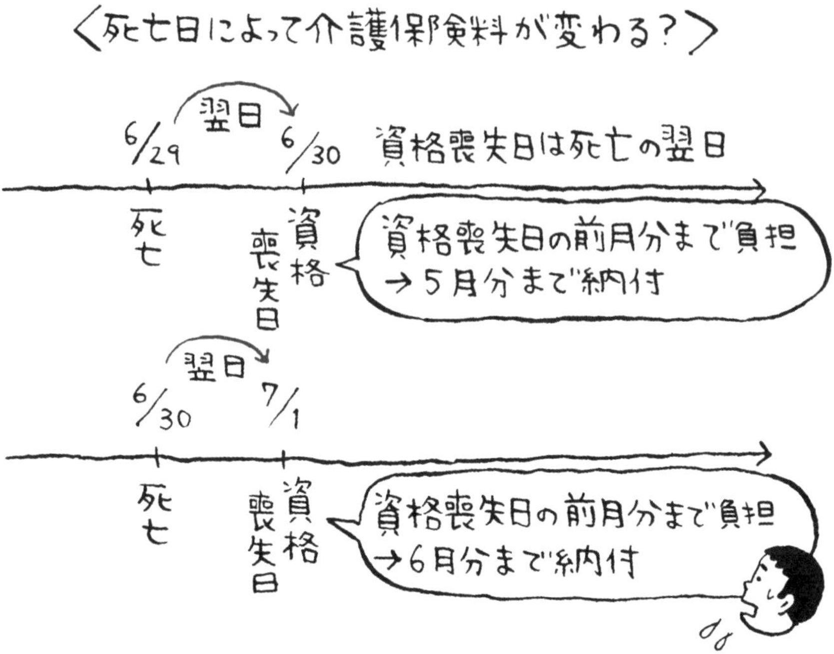

故人が受け取るはずだった高額介護サービス費を申請しよう

1か月に支払った介護サービスにかかる費用の自己負担分のうち、一定の限度額（一般的な所得の方の負担限度額は4万4400円）を超えた金額は、高額介護サービス費として払い戻しを受けることができます。

故人が高額介護サービス費を受け取らないまま亡くなってしまった場合には、相続人代表者が受け取ることが可能です。手続に必要なものは、お金を受け取る銀行口座の情報、故人との関係性を証明する戸籍謄本です。役所の介護保険を扱う窓口に連絡しましょう。

なお、**相続後に支給される高額介護サービス費は、相続税の課税対象となります**ので、相続税のかかる方は気をつけましょう。

＼ぶっちゃけ／

14 住民票と印鑑証明書の取得方法 ——相続人が外国に住んでいたら？

住民票の写しの取得

相続手続のさまざまな場面で住民票が必要になります。

相続人が現在どこに住んでいるのかを明確にするために必要な**相続人の住民票**と、故人が最期にどこに住んでいたのかを明確にするために必要な**故人の住民票**（これを除票といいます）の２種類が存在します。いずれの住民票も、住所地が登録されている市区町村役場で取得することができます。

なお、住民票には本籍地とマイナンバーを記載するか選択することができます。手続ごとに必要になるタイプが異なるのですが、**迷ったときは「本籍地有り、マイナンバー無し」と、「本籍地有り、マイナンバー有り」の２種類を取得しておくのがオススメ**です。

故人の住民票（除票）の取得

故人の住民票（除票）を取得する際は、窓口に行く人の本人確認書類の他に、取得する理由ごとに必要書類が異なります。また、役所によって必要書類が変わることがありますので、窓口に行く前に電話で確認することをオススメします。

- 相続手続のために取得する場合

  故人と請求者の関係がわかる書類（戸籍謄本など）
- 死亡保険金の受け取りのために取得する場合

  請求者が受取人として記載されている保険証書

なお、紛らわしい話ですが、役所で発行を受ける**住民票の正式名称は、「住民票の写し」**です。つまり、銀行などから「住民票の写しを提出してください」と言われた場合には、コピーではなく、原本を提出する必要がありますのでご注意ください（住民票のコピーは、「住民票の写しの写し」となります）。

印鑑証明書の取得

相続人の印鑑証明書も、あらゆる場面で提出が求められます。

印鑑証明書は、相続人の住所地の市区町村役場で、印鑑登録証（印鑑カード）を提出することによって取得することができます。相続手続を同時並行で進められるよう、２通以上取得しておくと便利ですね。

原則、本人が窓口に行かないと取得できない

なお、郵送での発行は原則として認められておらず、本人が窓口に足を運ぶ必要があります。代理で取得する場合には、本人の住所、氏名、生年月日などを印鑑登録証明書交付申請書に記入のうえ、受付窓口で本人の印鑑登録証を提示する必要があります（その際、本人の住所、氏名、生年月日などが正しく記入されていない場合は発行を受けられません）。

相続手続で使用する印鑑証明書には、発行からの有効期限が設定されている点に注意が必要です。**銀行や証券会社などで行う手続の場合は、発行から６か月以内。銀行ローン等の借入金に関する手続の場合は３か月以内**に設定されていることが一般的です。不動産の名義変更（相続登記）や、相続税申告で提出する印鑑証明書には発行期限はありませんので、相続発生前に取得したもので問題ありません。

相続人が外国に住んでいる場合

外国には、日本の印鑑登録のような制度がない国がほとんどです。

日本で相続手続をする際、相続人全員の印鑑証明書が求められた場合、外国に住む相続人の分は、どうすればよいでしょうか。

外国の日本大使館や領事館などで、印鑑証明に代わるサイン証明

（署名証明）書を取得することによって、相続手続が可能になります。

サイン証明には２種類あります。日本の印鑑証明のように１枚の紙で発行されるタイプのものと、サインした書類（遺産分割協議書等）に糊づけをしたうえで割印を押すタイプのものがあります。**手続の種類によって、必要となるタイプが異なります**ので、事前に確認しましょう（不動産の名義変更には、後者のタイプが必要になります）。

ちなみに、外国でサイン証明を受けなくても、相続人が一時帰国する場合には、帰国の際に公証役場に在留証明書を提出すれば、遺産分割協議書を有効なものにしてもらうことが可能です。

2種類のサイン証明書

① 単独型

証明書

以下身分事項等記載欄の者は、本職の面前で貼付書類に署名（及び拇印を押捺）したことを証明します。

身分事項等記載欄

氏名：法律一郎
生年月日：昭和○年○月○日
日本旅券番号：AA○○○○○○○
備考：
※氏名の漢字等綴りは申請人の申告に基づく場合があります。

証第　○○○○－○○○○○号

令和　年　月　日

在○○○日本国総領事館

総領事　○○○○（公印）

紙1枚で発行される

② 貼付型

公印

証明書

以下身分事項等記載欄の者は、本職の面前で貼付書類に署名（及び拇印を押捺）したことを証明します。

身分事項等記載欄

氏名：法律一郎
生年月日：昭和○年○月○日
日本旅券番号：AA○○○○○○○
備考：
※氏名の漢字等綴りは申請人の申告に基づく場合があります。

証第　○○○○－○○○○○号

令和　年　月　日

在○○○日本国総領事館

総領事　○○○○（公印）

遺産分割協議書

令和元年○月○日、○○市○○町○番地　法律太郎の死亡によって（以下略）

住所　○○○○○○○○○○○
署名　法律一郎

署名は大使館で行うので、空欄で持参します

サインが必要な書類（遺産分割協議書等）を持参し、サイン証明書を貼りつける形式

コラム1

やばい葬儀社を見抜く3つのポイント

葬儀社選びは非常に重要です。選ぶべきポイントはたくさんありますが、私が個人的にオススメしたい判断ポイントは、①契約後にオプションをつけなくても嫌な顔をしないか、②契約後に担当者が変わらないか、③契約を急かすようなことをしないかの３点です。

インターネットで検索すると、実にさまざまな葬儀社のホームページが出てきます。どの会社もホームページでは自社の良いところしか載せません。葬儀社の比較サイトもありますが、そのほとんどは、「そのサイト運営者にお金を払っている葬儀社」しか掲載しませんので、情報の信憑性は高いとは言えません。

では、何をチェックするべきか。まず見ていただきたいのは、Googleの口コミです。目星をつけた会社があれば、その会社の社名をGoogleで検索しましょう。すると、検索結果にこれまでの利用者の口コミが掲載されています。過去にひどい対応をした会社には容赦なくひどい書き込みがされていますので、電話をする前に一度チェックすることをオススメします。

候補の葬儀社を絞ることができたら電話をしてみましょう。ただ、ここで気をつけていただきたいのが、多くの葬儀社の場合、最初に電話を取るスタッフと、実際に葬儀を担当するスタッフが異なることです。

大ベテランが担当者。しかし……

私の義父に相続が起きたときの体験談ですが、最初に電話に出たスタッフの対応は非常に感じがよかったので、具体的な見積もりを依頼しました。その後、葬儀の担当となる方から折り返しの電話がありました。声を聞くと、恐らく50代後半の男性。自称この道25年の大ベテランとのことでした。しかし、会話の節々に「うんうん、そうだね」と敬語ではない言葉を使うのです。「ん？」と思いながらも、こちらも急いでいたので、実際に会って打ち合わせをすることになりました。

最初はとても良い人でした。死亡診断書や火葬許可証など、今後、必要になる書類を代行して取得してくれたり、打ち合わせの場所から自宅まで車で送ってくれたりと。しかし、正式に契約を交わした後から態度が豹変しました。

葬儀には、正式な契約を交わした後に、決めなければいけないことがたくさんあります。花祭壇に使用する花、遺影、骨壺、おもてなし料理、会葬御礼の品などなど。そして、その１つ１つに値段に応じたグレードが存在します。

担当者の態度が急変！ なぜ？

「葬儀にはできるだけお金を使わずに、今後の生活費に充ててほしい」という故人の想いがあったため、私たちはできるだけグレードの低いプランを選択しました。祭壇に飾る生花について、私の妻が「知り合いに花屋がいるので、そこで価格を抑えて手配したい」という意向を伝えました。すると、その担当者は、「え？ うちで頼まない？ そんな話ありますか！」と高圧的な言い方をしてきました。

大事な葬儀を控えている身なので、できるだけ葬儀社さんにも気持ちよく仕事をしてもらいたいという思いもありましたが、「葬儀にお金をかけないでほしい」という故人の気持ちもあります。しかし、大切なのはやはり故人の気持ちです。私の妻は、「はい、葬儀にお金はかけるな、というのが父の意向なので」と強く言い切りました。しかし、それがきっかけで担当者の機嫌を完全に損ねてしまったのです。

斎場での打ち合わせの際に、集合時間よりも早めに到着した私たちに、明らかに聞こえるように「あー。もうお客さんきちゃったよ」と言うのです。他にも、頼んだ生花の札に「喪主」という字が抜けていたのをみて「だから、最初からうちに頼んでいればよかったのに！」と私たちに言ってきたのです！（次の日に葬儀を控えていたので、怒りはぐっと堪えましたが）

　これは冠婚葬祭ではよくある話なのかもしれませんが、正式に契約をした後に高額なオプション料金を加算しようとし、それを断ると露骨に嫌な顔をしてくることがあります。打ち合わせが進んでいくと、「既に関係者に葬儀の連絡をしてしまっているし、今さら葬儀社を変えるわけにもいかない。非常に不快だが、葬儀が終わるまでの辛抱だし我慢するしかないか」という状況に陥ります。

絶対見逃してはいけないチェックポイント

　この経験をもとに、みなさまに特に注意していただきたいチェックポイントは、58ページにあげた３つのうちの①契約後にオプションをつけなくても嫌な顔をしないか、②契約後に担当者が変わらないか、という２点です。

　葬儀社にとって、葬儀は毎日の仕事かもしれません。しかし、遺族にとっては一生に一回しかない大事な葬儀です。大切な人を亡くし、憔悴《しょうすい》しきった中で段取りをしていくことになります。大手の葬儀社だからといって、担当者まで良いかはわかりません。小さい葬儀社でも担当者は心のこもった仕事をしてくれるかもしれません。電話口だけで判断するのは難しいかもしれませんが、できれば、実際に担当者となる人とよく話をし、「この人だったら信頼できそう」という直感を頼りに候補を選び、正式な契約の前にオプション内容を確認するといいですね。

　また、③の「契約を急かすようなことをしない」も大事な要素です。見積もりの段階で「今すぐ決めてもらえれば割引する」など、契約を急かす

葬儀社は、裏を返すと「他社と比べられたら負けるかもしれない」という気持ちの表れです。自社のサービスに自信のある葬儀社であれば、「比較していただいても結構です。大切なことなので少し時間をかけて考えてください」と余裕のある対応をするでしょう。

病院から紹介された葬儀社に決める必要はない！

病院で亡くなった場合、病院から速やかに遺体を搬送するように言われます。その際、提携している葬儀社を紹介すると言い、その葬儀社が遺体を搬送してくれることがあります。そのままの流れで、その葬儀社に依頼してしまうケースが多いようですが、少し待ってください。もし、その葬儀社の対応に違和感があれば、「葬儀を依頼するか少し検討したいので、半日ほど待ってください」と勇気をもって伝えましょう。契約前であれば強引な物言いはしてこないはずです。

そもそも、葬儀を取り巻くさまざまなビジネスには、紹介料の文化があります。病院から紹介を受けた葬儀社は、病院に対して多額の紹介料を支払っている可能性があります。例えば、葬儀社に100万円払った場合、葬儀社は病院に30万円の紹介料を払うようなしくみとなっているのです。

葬儀社からすれば、ホームページ等から直接依頼を受けた場合には、丸ごと自分たちの収益となるのですが、病院からの紹介であった場合には、収益の内の何割かは自分たちの収益とはなりません。葬儀社にとって利益が少なくなる分、オプションで元を取ろうとしたり、新人の担当者をつけられる可能性が高くなります。

これと似たようなしくみになっているのが、葬儀社の一括比較サイトです。一括比較サイトは、サービスを利用する人は無料で使うことができます。それでは、一括比較サイトはどこから収益を得ているのでしょうか？そうです。一括比較サイト経由で成約に至った、葬儀社から多額の紹介料をもらっているのです。

葬儀を依頼する側からすると、支払うトータルの金額は同じです。しかし、目に見えないところで紹介料の授受があるため、葬儀社としては、提供するサービスの質に差をつけることによって、紹介料を回収しようとする心理が働く可能性があります。こういった、業界の闇の部分も知っておいたうえで、紹介を利用するのかどうか検討しましょう。一方で、信頼できる友人などからの推薦は非常に有効です。実際に葬儀をあげたことのある方から、評判を聞いておくのも良いですね。

「費用を抑えたいから家族だけで」は間違い？

家族だけで行う葬儀は費用を安く抑えられると思われがちですが、参列者が少なくなれば香典の金額も少なくなるため、トータルで考えると、必ずしも家族葬のほうがよいとは言い切れません。参列者の人数には関係なく、斎場の使用料、お花代等の費用は変わりません。トータルの費用を抑えたいのであれば、参列者に比例して増える費用（飲食代・返礼品）を抑えつつ、参列者の人数に制限を設けないのも１つの手です。

　また、家族だけで葬儀を行う場合は、葬儀後の弔問客が多くなる点にも注意しましょう。家族だけで葬儀を行った場合、葬儀に参列できなかった人が、「せめて弔問だけでも」と自宅に訪問することがあります。遺族は弔問客とのスケジュール調整に追われることもあります。

コラム2

身近な人が亡くなった直後に「やってはいけないこと6選」

①ATMから預金を引き出す

相続開始の直前直後に引き出した現金を、引き出した相続人が着服したと疑われ、それが原因で相続争いに発展することがよくあります。現金の使途はブラックボックス化しやすいので、領収書や金額のメモなどを残しておき、使途を明確にしておきましょう。

②銀行に亡くなったことをすぐ伝える

銀行や証券会社に亡くなったことを伝えると、その方の口座は凍結されます。預金の凍結後は、預金を引き出すことができなくなるのは当然のこと、預け入れもできなくなる点に注意が必要です。

特に不動産賃貸業をされている方が亡くなり、急に預金が凍結されると、借主は家賃を振り込むことができなくなり、慌ててしまいます。管理会社とよく連携し、振込口座の変更の手配が済んでから、口座の凍結をされることをオススメします。

ちなみに、役所に死亡届を出しても、その情報が銀行に伝わることは、まずありません。また、1つの銀行に死亡の事実を伝えても、銀行同士で、その情報を共有することもありませんので、ご安心ください。

③遺言書をすぐに開封する

封筒に入った自筆証書遺言を発見してもすぐに開封してはいけません。家庭裁判所での検認《けんにん》手続が必要になります。検認をせずに開封してしまうと、5万円以下の過料を科せられる可能性があります（検認については103ページで解説）。

④戸籍を早く取りすぎる

死亡届を役所に提出しても、戸籍に死亡の事実が記載されるまでには、１～２週間ほど時間がかかります。早く取りすぎてしまうと、戸籍を取り直さなければいけない事態になることがあります。

⑤故人の携帯電話を解約する

訃報の連絡を故人の交友関係すべてに伝えることは非常に困難です。そのため、人づてに亡くなったことを知った友人や知人が、遺族に連絡を取る手段として、故人の携帯電話に連絡をしてくることが頻繁に起こります。そのため、故人の携帯電話はしばらく解約せず、ご家族がいつでも連絡を取れるようにしておきましょう。

⑥遺産の一部を使う（相続放棄する場合）

故人に借金等の負の遺産がある場合、相続開始後に相続人が遺産を自分のために少しでも使うと、その使った人は相続放棄ができなくなります。ちなみに、遺産を葬儀費用に充てた場合は、自分のために使ったとは言えないため、相続放棄が認められたという裁判例があります。しかしながら、裁判例は絶対ではありません。相続放棄を考えている場合は、葬儀費用であったとしても遺産を使わないほうが無難です。いずれにしても慎重な判断が必要になります。

第2章

少し落ち着いてからの手続

第２章の主な内容

- 遺族年金は手続しないともらえません。大切なポイントは？
- 故人がもらうはずだった高額療養費の申請方法とは？
- クレジットカードの解約手続――マイルやポイントは相続できる？
- 四十九日と納骨式でひと区切り。注意すべきポイントは？
- 準確定申告も忘れずに。無申告のままだと延滞税がつく？

＼ぶっちゃけ／

15 あなたはもらえる？遺族年金の超基本

遺族年金とは？

遺族年金とは、一家の働き手の方や年金を受け取っている方が亡くなったときに残されたご家族に給付される年金のことです。

遺族年金には**「遺族基礎年金」**と**「遺族厚生年金」**がありますが、亡くなった方や残された家族の家族構成や収入状況等に応じて支給の有無が決まります。

遺族基礎年金の受給要件①　家族構成は？

遺族基礎年金の受給要件は厳しいものになっています。具体的には、**残されたご家族に高校生以下（18歳以下※）の子供がいる場合に支給**されるものとなっているため、後述する遺族厚生年金の受給要件と比較すると、あてはまるケースは少ないです。

※厳密には子供が18歳になった年度末（３月31日）までが遺族基礎年金の支給対象となります。

遺族基礎年金の受給要件②　保険料をどれだけ納めた？

原則として、**国民年金の保険料を、３分の２以上納めていたことが要件**になります。

厳密には、死亡日の前日において、死亡日が含まれる月の前々月までの被保険者期間に、国民年金の保険料納付済期間および免除期間、厚生年金保険の被保険者期間、共済組合の組合員期間の合計が３分の２以上あることが必要です。

例えば50歳で亡くなった方の場合は、20歳から50歳までの30年間の３分の２以上（つまり20年以上）保険料を支払っていれば原則

要件を満たします。

なお、特例要件として、死亡日が令和８年３月末日までのときは、死亡した方が65歳未満であれば、死亡日の前日において、死亡日が含まれる月の前々月までの直近１年間に保険料の未納がなければよいことになっています。先ほどの例でいえば、原則要件を満たさない場合でも49歳から50歳の直近１年間に保険料の未納がなければ特例要件を満たしていることとなります。

遺族厚生年金の受給要件①　家族構成は？

遺族厚生年金の受給要件は遺族基礎年金の受給要件と比較すると厳しいものではありません。具体的には**「生計を維持※」されているご家族がいる場合に支給**されるものとなっており、子供の有無は問われません。

※「生計を維持」とは死亡当時に故人と生計を同一にしていた方で、原則として年収850万円未満の方が該当します。

遺族厚生年金の受給要件②　保険料をどれだけ納めた？

原則として、**厚生年金の保険料を、３分の２以上納めていたことが要件**になります。

厳密には、死亡日の前日において、死亡日が含まれる月の前々月までの被保険者期間に、国民年金の保険料納付済期間および免除期間、厚生年金保険の被保険者期間、共済組合の組合員期間の合計が３分の２以上あることが必要です（遺族基礎年金と同様）。

なお、死亡日が令和８年３月末日までの特例要件についても遺族基礎年金と同様です。

遺族厚生年金の特徴

遺族厚生年金は、厚生年金の被保険者であった期間中の死亡だけでなく、過去に被保険者であった人であっても、「被保険者であった期間中に初診を受け、５年以内の死亡」の場合にも支払われます。つまり、**病気でやむなく会社を退職した人の場合にも、遺族厚生年金が支給される可能性がある**ということです。

例えば、病院で癌と診断され、５年以内に癌で死亡した場合には、会社を退職していても遺族厚生年金が支給される可能性があります。

年金受給の停止手続

年金を受けている方が亡くなった場合は、年金事務所等に死亡した旨の届出書「受給権者死亡届（報告書）」の提出が必要です。なお、日本年金機構にマイナンバーが収録されている方は、原則として「受給権者死亡届（報告書）」の提出を省略できます。

遺族基礎年金の額（令和３年度）

子供のいる配偶者が受け取るとき：年間78万900円＋（子の加算額）

配偶者がおらず、子供が受け取るとき（次の金額を子の数で割った額が、１人あたりの額）：78万900円＋（２人目以降の子の加算額）

※１人目および２人目の子の加算額：各22万4700円。３人目以降の子の加算額：各７万4900円

遺族厚生年金の額（令和３年度）

原則として、故人の老齢厚生年金の報酬比例部分の４分の３の金額となります。また、65歳以上の方は、遺族厚生年金とご自身の老齢基礎年金、老齢厚生年金または障害基礎年金の一部または全部を併せて受け取ることができます。

＼ぶっちゃけ／

16 遺族年金の請求手続を徹底解説！

遺族年金の請求手続

遺族年金は自動的に支給されるものではなく、必ず遺族年金の請求手続が必要となります。請求手続の流れは以下の通りとなります。

①「年金請求書」に添付書類をつけて年金事務所等へ提出します。
②「年金請求書」を提出してから１か月程度で、「年金証書」「年金決定通知書」などがご自宅に郵送されます。
③「年金証書」がご自宅に届いてから約１～２か月後に、年金の振込が始まります。
※年金の振込は偶数月に２か月分まとめて振り込まれます。

「年金請求書」は日本年金機構のホームページよりダウンロードすることができます。お近くの年金事務所または街角の年金相談センターの窓口にも備えつけてあります。

【日本年金機構のホームページ】
https://www.nenkin.go.jp/service/jukyu/todokesho/izoku/20180305.html

年金請求書の添付書類（必ず必要なもの）

１．年金手帳（故人および請求者のもの）
２．戸籍謄本（死亡日以降で６か月以内に交付されたもの）
　または法定相続情報一覧図の写し
　※故人と請求者の続柄等を確認します。
３．住民票（世帯全員分、本籍地とマイナンバーの記載は任意）
　※故人との生計維持関係を確認します。

4．故人の住民票の除票（上記３に含まれる場合は不要）
5．請求者の収入を確認できる書類（課税証明書、源泉徴収票等）
6．死亡診断書のコピー
7．預金通帳等（請求者名義のもの）

※３～５についてはマイナンバーを記入することで添付を省略できます。

遺族年金等の問い合わせ先

遺族年金の受給手続をされる前には、以下の問い合わせ先に「請求手続」等について問い合わせされることをオススメします。

●最寄りの年金事務所
全国の年金事務所は日本年金機構のホームページで検索すると「所在地」「電話番号」を確認できます。
参照：https://www.nenkin.go.jp/section/soudan/index.html
●街角の年金相談センター
●ねんきんダイヤル
0570-05-1165（年金相談に関する一般的な問い合わせ）
0570-05-4890（来訪相談の予約）

年金の時効

年金を受ける権利は、亡くなった日の翌日から５年を経過すると時効によって消滅しますので、お早めに遺族年金の請求手続をすることをオススメします。

遺族年金は非課税！

遺族年金には、所得税や住民税といった税金は課税されません。ただし、相続人がご自身の老齢年金とあわせて遺族年金を受給する場合には、遺族年金部分のみが非課税となり、ご自身の老齢年金は公的年金等に係る雑所得として課税の対象となります。

寡婦年金をもらえる人は？

寡《か》婦《ふ》年金は、死亡日の前日において、国民年金を10年以上納めていた夫が死亡したときに、夫によって生計を維持され、かつ、夫との婚姻関係（事実婚を含む）が10年以上継続している妻が、60歳から65歳になるまでに受け取ることができます。

なお、夫が老齢基礎年金等を受け取っていた場合など一定の場合には寡婦年金は請求することができません。

※「寡婦年金」は国民年金の独自給付制度であり厚生年金保険にはありません。

死亡一時金をもらえる人は？

死亡一時金は、死亡日の前日において、国民年金第１号被保険者の保険料納付済期間が36か月（３年）以上ある方が死亡したときに遺族が受け取ることができます。

なお、死亡した方が老齢基礎年金等を受け取っていたとき、または遺族基礎年金を受け取る方がいる場合には、死亡一時金を受け取ることはできません。

※「死亡一時金」は国民年金の独自給付制度であり厚生年金保険にはありません。

＼ぶっちゃけ／

17 故人の未支給年金、しっかりもらいましょう！

未支給年金とは？

老齢年金は、「４月分と５月分は６月支給」というように、後払いの形で支給されます。そのため、**年金受給者が亡くなると必ず「未支給年金」が発生**します。「未支給年金」は年金受給者と生計を同じにしていた人がいる場合には「未支給年金請求書」を提出することで、請求者が取得することができます。なお請求手続をしない場合で、既に「未支給年金」が故人の通帳に振り込まれている場合は、一定の場合を除き、当該年金は過払いという扱いになり、返納する義務を負う可能性が出てきます。

未支給年金の具体例

ケース①　５月に年金受給者が亡くなった場合
→未支給年金は４月分と５月分となります。
（４月分と５月分の年金は６月に支払われるため未支給）

ケース②　６月14日に年金受給者が亡くなった場合
→未支給年金は４月分と５月分と６月分となります。
（４月分と５月分は６月15日に支払われるため未支給となり、また６月分は８月に支払われるため未支給）

ケース③　６月15日に年金受給者が亡くなった場合
→未支給年金は６月分となります。
（４月分と５月分は６月15日に支払い済みのため未支給にはなりません。なお６月分は８月に支払われるため未支給）

未支給年金の受給要件

未支給年金は亡くなった年金受給者と生計を同じにしていた人で、以下の優先順位が高い人がもらえます。**一般的な遺産と異なり、遺産分割協議の対象になりません。**

優先順位（高い）「配偶者」→「子」→「父母」→「孫」→「祖父母」→「兄弟姉妹」→「三親等以内の親族」優先順位（低い）

未支給年金の請求手続

未支給年金は遺族年金と同じで、**請求手続をしないともらうことはできません。**「未支給年金請求書」に添付書類をつけて年金事務所に提出する必要があります。

未支給年金の課税関係

未支給年金は相続財産ではなく、**支払いを受けた人の一時所得として所得税の課税対象**となります。一時所得なので、その他の一時所得と合算して50万円（特別控除額）以下であれば所得税は発生しません。

未支給年金の受給要件

故人と生計が同じでない場合には、たとえ相続人であっても、未支給年金を受け取ることはできません。「生計が同じ」というのは、基本的には、故人と同居していたことを指しますが、別居の場合でも、継続的に経済的な援助（仕送り）が行われていた場合などには生計同一と認められることもあります。この場合には、「生計同一関係に関する申立書」を年金事務所へ提出する必要があります。

なお、生計同一の同順位の人が複数いる場合（例えば、故人に配偶者がおらず、子２人と同居していた場合など）には、代表者が請求を行い、給付を受けた後に当事者で分け合う形になります。

＼ぶっちゃけ／

18 故人がもらうはずだった高額療養費の申請方法

私たちは公的医療保険に加入していることによって、病院や薬局で医療サービスを受けたときの医療費を、最大でも３割を負担するだけで良いこととされています。

このように、日本では医療費の負担がかなり軽くすむようになっているのですが、療養や入院、手術などが長期間にわたってしまった場合などは、この制度をもってしても患者さんの負担が重くなってしまうときがあります。その負担を軽減するためにあるのが高額療養費制度です。

この制度は、暦月（１日から月末まで）で医療費の自己負担額が一定の金額を超えた場合、その超えた分の払い戻しを請求できる制度です。その上限については年齢や所得の状況で細かく分かれています。

例えば70歳未満で標準報酬月額が30万円の人に100万円の医療費が発生した場合、まず**３割負担で100万円が30万円になり、さらに高額療養費として21万2570円が支給される**ので、実質の負担は８万7430円となります。本来100万円払わないといけないところが９万円弱になるのは驚きですよね。

「これ」は対象外です！

なお、**「差額ベッド代」**や**「食事代」**、**「先進医療」**の他、自由診療とされる、**「歯のインプラント」**などは対象とはなりませんので注意しましょう。

相続人が手続をする場合

医療サービスの提供を受けていた方がお亡くなりになってしまった

場合には、相続人が手続をすることにより、本来支給されるべきだった金額の給付を受けることができます。**受け取った金銭は、遺産分割協議の対象**になりますので、他の相続人に高額療養費の存在を伝えることを忘れないようにしましょう。

必要書類と提出先

相続人が申請をする場合、「故人との続柄がわかる書類（戸籍謄本等）」「病院に支払った領収書」が必要になります。

※申請先によっては、他の添付書類が必要になることもあります。

提出先は、国民健康保険・後期高齢者医療保険の場合は、故人がお住まいだった市区町村の担当窓口、健康保険（会社員等）の場合は協会けんぽまたは健康保険組合となります。なお、**申請先次第では、申請できる人は相続順位が一番高い相続人に限られる場合があります**ので、事前に確認しておきましょう。

手続は２年以内に！

高額療養費の支給を受ける権利の消滅時効は、診療を受けた月の翌月の初日から２年です。したがって、この２年が経過していなければ遡って申請ができますが、期限を過ぎてしまうと申請ができなくなってしまいます。

ちなみに、**相続後に受け取る高額療養費は、相続税の対象**になりますので、申告の必要な方は注意しましょう。また、相続放棄を検討している方は、高額療養費の申請をすると相続放棄ができなくなる可能性がありますので、慎重に検討してください。

ぶっちゃけ

19 葬儀・法要は四十九日と納骨式でひと区切り！

第１章で葬儀に関する手続の話をしました。それに続く手続となる「四十九日」「納骨」についてお話しします。

四十九日とは

仏教では、人は死後四十九日後に仏様のもとへ旅立つと考えられています。四十九日の日数の数え方は地域の慣習ごとに異なるため注意が必要です。一般的には、亡くなった日を１日目とし、翌日が２日目と続いていきます。一方、地域によっては、亡くなった日から６日目に初七日法要を行うことがあり、四十九日までの数え方も同様に進みます。

四十九日法要

四十九日法要を営む場合は、前もって日程と会場を決めておきましょう。参列者の都合を考えて、土曜、日曜、祝日を選択するのが一般的です。しかし、亡くなった日から四十九日後が平日となる場合もよくあります。その場合は、四十九日より前の休日を選ぶのが一般的です。

納骨

法律上、納骨の時期はいつでも良いこととされていますが、**一般的には四十九日法要と一緒に行うことが多い**です。ただ、新型コロナウイルスの影響によって法要が開催できず、納骨が四十九日以降に遅れてしまった方もたくさんいました。焦ることはなく、皆さまのタイミングで行えば大丈夫です。納骨する際は、埋葬許可証（火葬執行済の

葬儀後に行う主な法要

初七日	……… 死後7日後（亡くなった日を含めて計算する）
四十九日	……… 死後49日後（亡くなった日を含めて計算する）
一周忌	……… 死後満1年目
三回忌	……… 死後満2年目
七回忌	……… 死後満6年目
十三回忌	……… 死後満12年目
三十三回忌	……… 死後満32年目

印が押された火葬許可証）を納骨する墓地や霊園に提出する必要があるので、骨壺を入れる木箱に入れておくなど、失くさないための工夫が必要です。

散骨

故人のゆかりの海や山に遺骨をまく散骨は、法律上、禁止されてはいません。ただし、散骨をするためには、遺骨を粉末状にする粉骨が必要になることと、観光地や私有地など、散骨が禁止されている場所以外で行うことなど、さまざまな決まりが存在します。**遺骨をそのままの形で私有地などに散骨してしまうと、刑事事件になりかねません**ので、散骨を希望する場合には一度、専門家に相談しましょう。

ぶっちゃけ

20 香典返しは四十九日後の２週間以内に発送しましょう

香典返しは、四十九日の法要後、２週間以内に行うのが一般的です。もしお届けが遅くなってしまった場合には、「ご挨拶が遅れた旨のお詫び」を添えて送るようにしましょう。

香典返しの目安は、いただいた香典金額の３分の１から半額が一般的です。これを「半返し」といいます。ただ、親族や身内から高額の香典を受け取った場合には、必ずしも半返しにする必要はありません。１万5000円ぐらいを上限とした品でも失礼に当たることはありません。

香典返しの品は、菓子・お茶などの食品や、石鹸や入浴剤などの消耗品等の後に残らない**「消えもの」を選択するのが一般的**です。また、近年ではカタログギフトを送ることも増えています。香典返しを送る際は、「のし」をつけるのがマナーです。実際に香典返しの品を発送する際は、香典返しを専門としている業者に相談するのが最もよいでしょう。

香典返しはいつまでに贈る?

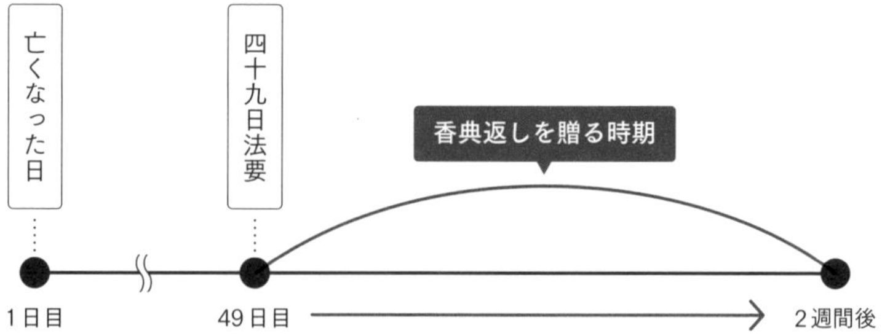

※神道にも法要に相当する儀式があり、50日祭を50日目に、また、キリスト教も同じように、カトリックの場合は追悼式を30日目に、プロテスタントの場合は記念集会を１か月目に行います。

＼ぶっちゃけ／

21 固定電話、スマートフォンの解約手続

電話の解約、契約者変更手続について

各手続は電話のサービス提供会社によって方法や用意する物が異なります。また、会社によっては、インターネット上で手続を完結できる場合もありますので、事前に確認をしましょう。ここではNTTを例として、解約方法と契約者変更方法を紹介していきます。

解約の場合

①NTT（東日本または西日本）に連絡して、契約者が亡くなったこと、固定電話を解約したい旨を伝えます。

②故人の戸籍謄本や死亡診断書のコピー、手続される方の本人確認書類などの書類提出が必要な場合は、書類を提出します。

③固定電話機などの機器をレンタルしていた場合は、返却します。

④未精算の電話料金については、後日請求書が送られてきますので、コンビニなどで支払いを行い、手続完了となります。

契約者変更手続の場合

①NTT（東日本または西日本）に連絡して、契約者が亡くなったこと、固定電話の契約者を変更したい旨を伝えます。

②NTT所定の名義変更申込書または電話加入権等承継・改称届出書（NTTのサイトよりダウンロード可能）と新契約者の運転免許証などの本人確認書類、戸籍謄本などの書類を郵送します。

③口座引き落としやクレジットカード払いによる料金支払いを希望する場合は、契約者変更手続完了後に別途支払方法変更手続を行います。手続が完了するまでの間は、書面で請求書が送られてきますの

で、お近くのコンビニなどで支払いを行います。

携帯電話の解約

携帯電話の解約手続については携帯電話のサービス提供会社によって方法や用意する物は異なります。ここではNTT docomoを例として、解約方法や解約時に用意する物などを紹介していきます。

NTT docomoの解約の場合

携帯電話解約に関する手続はドコモショップで行います。必要書類は次の通りです。

- 死亡の事実が確認できるもの（葬儀の案内状や死亡診断書など）
- ドコモUIMカードやドコモeSIMカード
- ドコモショップに行く方の本人確認書類（運転免許証など）

死亡の事実確認書類として「葬儀の案内状」を出す場合等には、契約者の本人確認書類（原本）と、来店する人の本人確認書類（原本）が必要になります。また、ドコモUIMカードやドコモeSIMカードを持参しない場合にも、契約者の本人確認書類（原本）が必要となります。

携帯電話の解約手続は直接店舗まで足を運ばなければならず、郵送などでの対応は原則行っていないようです。

しかし、家族が国外に住んでいる場合や、身体が不自由である場合などの理由で直接店舗まで足を運ぶことが困難なこともあります。このような事情がある場合には、郵送での手続にも応じてもらえるそうです。

＼ぶっちゃけ／

22 クレジットカードの解約手続
——マイルやポイントは相続できる？

クレジットカードの解約について

クレジットカードは、契約者変更手続ができないため、解約手続が必要になります。

解約手続方法はカード会社により異なりますので、カード裏面に記載されているカード会社の連絡先に連絡をする必要があります。電話の際に故人に関する情報（生年月日や死亡日時など）もすぐ答えられるようにしておくと手続がスムーズです。

クレジットカードの解約が電話だけで終わらない場合、カード会社の案内に従って必要書類などを提出して解約します。解約手続に必要な書類はカード会社によって異なりますが、一般的には以下の書類が必要になります。

- 契約者の死亡の事実が確認できる書類（戸籍謄本、住民票の除票、死亡診断書など）
- 退会届等各種届出書（カード会社所定の書式）

また、故人が使用したカードの未払い分は、相続人が払わなければいけません。**未払い分は相続税の計算上、債務控除の対象**になりますので、明細は大切に保管しておきましょう。

マイルやポイントは相続できる？

ANA マイレージクラブ、JAL マイレージバンクのマイルは、法定相続人であれば相続することが可能です。また、**法的に有効な遺言書があれば、法定相続人でない人にマイルを承継させることもできます。**

ただし、**ANAの場合、会員が亡くなってから6か月以内に手続をしないとマイルが取り消されてしまいます。** JALの場合、特に期限は定められていません。また、JALは複数の相続人がマイルを分割して相続することが可能ですが、ANAは分割できません。なお、上級会員資格であるJALグローバルクラブ（JGC）やANAスーパーフライヤーズ（SFC）等のステータスは、相続できません。

実際の手続の際は、故人の出生から死亡までの戸籍謄本、相続人の戸籍謄本、本人確認書類が必要になります。

ちなみに、マイルも相続できる以上、相続税の対象になると考えられています。しかし、1マイルをいくらと評価するのかは議論が分かれており、明確な取り扱いが示されていない状態です。相続税申告が必要な方は税理士に相談しましょう。

その他のクレジットカードのポイントは相続できない場合が多いようです。

JALとANAのマイル相続の手続

	JAL	ANA
マイルの相続	できる	できる
手続可能期間	いつでも	**死亡後6か月以内**
相続範囲	法定相続人の範囲	法定相続人の範囲
遺言による相続、 および相続人の追加	できる	できる
必要書類	戸籍謄本および 相続する人の本人確認書類	戸籍謄本および 相続する人の本人確認書類
マイルの分割相続	できる	できない
相続したマイルの有効期限	相続した月から数えて 36か月後の末日（原則）	相続した月から数えて 36か月後の末日（原則）

ぶっちゃけ

23 水道・ガス・電気の解約・変更手続を忘れずに！

公共料金は、ご家族が亡くなられた後、誰も使わないなら解約をし、残されたご家族が使うなら契約者変更手続が必要になります。期限はありませんが、**口座が凍結して料金が支払えない事態も起こりえますので、相続開始後、なるべく早く手続をしましょう。**

各手続は、基本的には電話で行いますが、インターネットから行える場合もありますので、事前にホームページで確認しましょう。各インフラの契約者変更には、料金支払口座の変更が必要になります。

解約する場合は、解約したい旨を伝えると、後日、未精算料金の請求書が送られてきますので、それを支払い、手続完了です。

水道の手続

水道局から２か月に１回届く水道料金の利用明細に連絡先やお客様番号が書かれていますので、そちらの電話番号に連絡をしましょう。

ガスの手続

毎月届く利用明細などに記載された電話番号に連絡をしましょう。なお、解約の際には閉栓作業に立ち会いが必要になることもあるので、遠方にお住まいの方が手続をする際は日程調整に注意しましょう。

電気の手続

水道、ガスと同様に、毎月届く利用明細などに記載された電話番号に連絡をしましょう。故人が１人暮らしの場合、先に電気の解約をしてしまうと暗い部屋で後片付けなどをすることになります。**解約は後片付けが終わってからがオススメ**です。

＼ぶっちゃけ／

24 延滞税がつく？準確定申告も忘れずに！

故人が生前中に得ていた収入については、相続人が代わりに確定申告をしなければなりません。これを**「準確定申告」**といいます。数ある相続手続の中でも準確定申告は期限が短く、気づかぬうちに期限を過ぎてしまい、延滞税等のペナルティを取られてしまうことがあります。

準確定申告の基本的な流れや必要書類について解説します。

準確定申告とは何か？

準確定申告とは「故人の確定申告」を指します。

期限は亡くなったことを知った日の翌日から４か月以内で、相続人はこの日までに申告と納税を済ませる必要があります。提出先は故人の住所を管轄する税務署です。

ここで「確定申告は、３月15日までにすればいいんじゃないの？」と思われる方もいるかもしれません。確かに一般的な所得税の確定申告は、１月１日から12月31日までの１年分を計算し翌年の３月15日までにすることになっています。

しかし、年の途中で亡くなった場合は、１月１日から亡くなる日までの分を計算し、亡くなってから４か月以内に申告しなければいけないのです。

例えば、７月１日に亡くなった場合には、期限は11月１日になります。「亡くなった日の４か月後の同じ日」と覚えてください。

では、令和４年３月１日に亡くなった場合はどうなるでしょうか。この場合、**令和３年分と令和４年分（１月１日～３月１日）の２つの確定申告を７月１日までに行う必要があります。**

そもそも必要な方は少ない

ここまで聞いて「故人の確定申告が必要」さらに「期限はたった4か月しかない」と焦ってしまう方も多いかと思います。しかしご安心ください。

実は準確定申告は必要がないか、もしくは申告したとしても税金が返ってくるケースがほとんどです。

最も多くの人が当てはまるケースとして、「生前に得ていた収入は年金だけだった人」の場合を考えていきましょう。そもそも、**「①年金収入400万円以下、②その他の所得20万円以下」という2つの条件を満たす人であれば、準確定申告は任意**です。

確定申告をして税金を返してもらう手続のことを「還付申告」といいます。還付申告は通常の確定申告書を使い、作成の手順等も同じですが、還付金の振込口座を記載するのを忘れないようにしましょう。**還付申告の期限は、亡くなった年の翌年1月1日から5年間**になりますので、ゆっくり準備することができます。

ふるさと納税や医療費控除は？

年金には少額ですが源泉徴収されている所得税がありますので、医療費控除などの制度を使って確定申告をすれば、その分の還付を受けられる可能性があります。**申告書を作成する手間と、還付される金額の見合いで申告するかどうかを検討**しましょう。

※生前中にふるさと納税をしていた場合には、準確定申告で控除を受けることが可能です。

また、株式や投資信託で運用をしていた方も、**配当金について源泉徴収されていた所得税が還付される可能性があります**ので、そういった方は積極的に還付申告をするべきか検討しましょう。なお、還付金を受け取った場合には、その還付金は相続税の課税対象になりますので、申告漏れにはお気をつけください。

不動産所得に注意！

では逆に、準確定申告が必要になるのは、どのような方でしょうか？

私がこれまで実務にあたってきた中で、**最も多かったのは賃貸不動産をお持ちの方**です。賃貸不動産をお持ちで不動産所得が20万円を超えた場合は、準確定申告が必要です。**不動産所得とは、不動産収入から固定資産税や修繕費、減価償却費などの費用を差し引いた後の金額**を指します。

準確定申告は、亡くなった年の１月１日〜亡くなった日までの全所得で計算しますので、例えば１月など年初めで亡くなった場合は、所得が少なく申告不要の可能性もあります。他にも、準確定申告が必要になる場合をまとめました。

準確定申告が必要なケース

- 自営業を営んでいて事業所得が20万円を超えた場合（事業所得とは、売上から経費等を差し引いた後の金額を指します）
- 不動産を売却して譲渡《じょうと》所得《しょとく》が20万円を超えた場合（詳しくは264ページ）
- 有価証券を売却して20万円を超えた儲けが出た場合（特定口座で源泉徴収されている場合は除かれます）
- ２か所以上の会社から給料をもらっていた場合
- 公的年金等の年金収入が400万円を超えた場合
- 会社からの給料収入が2000万円を超えた場合
- 給与所得、公的年金による雑所得、退職所得以外の所得が20万円を超えた場合

ぶっちゃけ

25 準確定申告の流れとポイントを解説！

ここからは準確定申告の基本的な手順を解説していきます。準確定申告といっても、基本的な流れは普通の確定申告と同じです。大きく次の３ステップで進めていきます。

①必要書類を集める
②申告書を作成する
③税務署へ提出して納税する

それでは普通の確定申告と異なる点などに触れながら、順番に見ていきましょう。

①必要資料を集める

計算に必要な資料で代表的なものをご紹介します。

故人の源泉徴収票（給与や年金がある場合）

給与がある場合は、勤め先の総務や経理の方に問い合わせて取得します。年金収入がある場合、日本年金機構に問い合わせて取得します。その年の最初の支給日までの間に亡くなった場合には、その年分の源泉徴収票は発行されません。

故人の控除を証明する書類

生命保険料控除、社会保険料控除、地震保険料控除、小規模企業共済等掛金控除、寄付金控除の計算などで使用する書類です。これらの支払いがあり、手元に資料がない場合はそれぞれ支払先に問い合わせて取得する必要があります。

故人の医療費の領収書

1月1日から亡くなった日までに使った医療費がある場合には、医療費控除を受けることができます。故人の医療費だけでなく、生計を一《いつ》にする配偶者や親族のために支払った医療費も対象となります。

また医療費控除は、生前中に実際に支払った金額のみが対象となりますので、相続後に相続人が支払った故人の入院費は対象にはなりません。

一方、相続後に支払った医療費は、生計を一にしていた相続人の確定申告で医療費控除が使え、さらに相続税の計算上、債務控除として財産額から差し引くことが可能です。

故人の所得の状況に応じて他の資料（事業所得がある場合は故人の収入の状況がわかる通帳、不動産所得がある場合は賃貸契約書や通帳、譲渡所得がある場合は不動産売買契約書や仲介手数料の領収書など）が追加で必要となりますので、国税庁のホームページで確認しましょう。

②申告書を作成する

必要書類が揃ったら、いよいよその資料を基に申告書を作成していきます。

確定申告書（第一表、第二表）

国税庁のホームページからダウンロード、もしくは最寄りの税務署で申告書の用紙を取得し、手書きで申告書を作成することも可能ですが、オススメは国税庁のホームページ上にある「確定申告書等作成コーナー」での作成です。

【確定申告書等作成コーナーの URL】

https://www.keisan.nta.go.jp/kyoutu/ky/sm/top#bsctrl

準確定申告を行う場合は第一表、第二表に「準」の字を加える

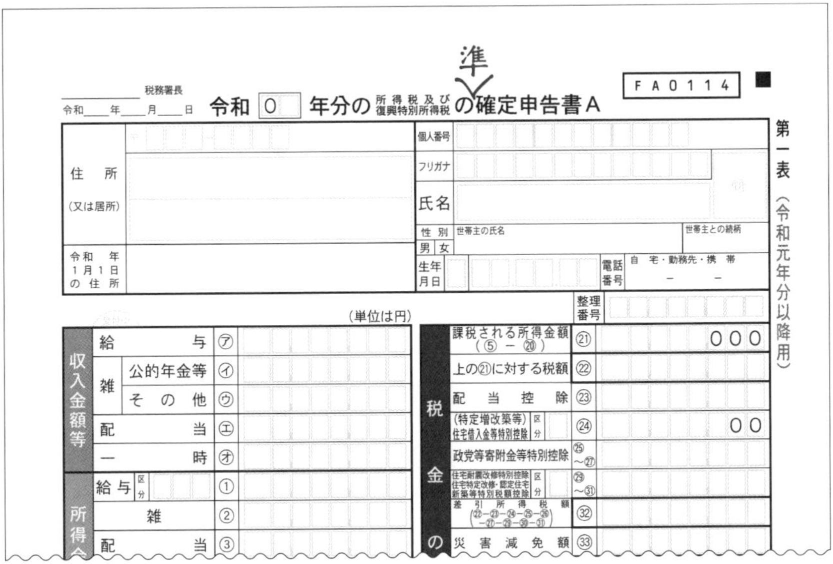
税務署長
令和＿年＿月＿日
準
令和 0 年分の所得税及び復興特別所得税の確定申告書A
FA0114
第一表（令和元年分以降用）
住所（又は居所）
令和 年 1月1日の住所
個人番号
フリガナ
氏名
性別 男 女
世帯主の氏名
世帯主との続柄
生年月日
電話番号 自宅・勤務先・携帯
整理番号
（単位は円）
収入金額等
給与 ㋐
雑 公的年金等 ㋑
雑 その他 ㋒
配当 ㋓
一時 ㋔
所得金
給与 区分 ①
雑 ②
配当 ③
税金の
課税される所得金額（⑤－⑳） ㉑ 000
上の㉑に対する税額 ㉒
配当控除 ㉓
（特定増改築等）住宅借入金等特別控除 区分 ㉔ 00
政党等寄附金等特別控除 ㉕～㉗
住宅耐震改修特別控除 住宅特定改修・認定住宅新築等特別税額控除 区分 ㉙～㉛
差引所得税額（㉒－㉓－㉔－㉕－㉖－㉗－㉘－㉙－㉚－㉛） ㉜
災害減免額 ㉝

　質問された内容に答えるだけで、申告書が作成できるという優れものです。こちらで作成したものをプリントアウトすることで、申告書を完成させることができます。

　ただし普通の確定申告と同じ様式で印刷されますので、**準確定申告であることがわかるように第一表と第二表に「準」の文字をタイトル部分に手書きで加える必要があります。**

控除のポイント

　なお、配偶者控除や扶養控除などの判定は、亡くなった日時点で行います。また控除額の月割計算は行いませんので、年の中途で亡くなった場合でも丸々控除を受けられます。

付表をつけるのを忘れずに！

確定申告書付表は相続人等が連名で記載するもので、準確定申告の場合だけ特別に必要になる書類です。次の事項を記載します。

- 故人の氏名、住所、死亡年月日、納税額
- 相続人各人の住所、氏名、続柄、マイナンバー、相続分、相続財産の価額（準確定申告をする際に把握できている金額でOK）、所得税の納税額

なお、他の相続人にマイナンバーを知られたくないなどの理由で連署したくない場合は、内容を他の相続人に通知すれば、別々で提出することもできます。**不動産所得や事業所得がある場合は、上記に加え、決算書なども作成する必要があります。**

なお、所得税が還付になり、相続人の１人が代表として還付金を受け取る場合には、委任状（令和３年以降も押印必須・認印可）の作成も必要となります。国税庁のホームページにフォーマットがあるのでそちらを使用しましょう。「準確定申告　付表」で検索すれば出てきます。

③税務署に提出して納税する

準確定申告書が完成したら、故人の住所を管轄する税務署へ提出しましょう。相続人のマイナンバーを記載する場合は、マイナンバーカードや本人確認書類の写しも一緒に提出します。提出は、税務署の窓口に直接持っていくか、郵送による方法を選ぶことができます。

納税については、まず税務署で納付書を入手し、各人ごとの納税額を記入します。そしてでき上がった納付書を税務署か、最寄りの金融機関に持参し、納税したい旨を伝えれば、納税の手続を進めてくれます。申告書の提出と納税が済めば、準確定申告は完了です。

準確定申告の付表の記入例

死亡した者の____年分の所得税及び復興特別所得税の確定申告書付表
（兼相続人の代表者指定届出書）

受付印

1　死亡した者の住所・氏名等

住所	（〒○○○-○○○○　） ○○市○○町○○○○○○	氏名	フリガナ 円満太郎《エンマンタロウ》	死亡年月日	平成・令和（令和に○）　年　月　日

2　死亡した者の納める税金又は還付される税金　〔第3期分の税額〕〔還付される税金のときは頭部に△印を付けてください。〕　○○○○○ 円…A

3　相続人等の代表者の指定　〔代表者を指定されるときは、右にその代表者の氏名を書いてください。〕　相続人等の代表者の氏名 ＿＿＿＿

4　限定承認の有無　〔相続人等が限定承認をしているときは、右の「限定承認」の文字を○で囲んでください。〕　限定承認

5 相続人等に関する事項	(1) 住所	（〒○○○-○○○○　） ○○市○○町 ○○○○○○	（〒○○○-○○○○　） ○○市○○町 ○○○○○○	（〒○○○-○○○○　） ○○市○○町 ○○○○○○	（〒　）
	(2) 氏名	フリガナ 円満一郎《エンマンイチロウ》	フリガナ 円満二郎《エンマンジロウ》	フリガナ 円満花子《エンマンハナコ》	
	(3) 個人番号	○○○○○○○○○○○○	○○○○○○○○○○○○	○○○○○○○○○○○○	
	(4) 職業及び被相続人との続柄	職業 会社員　続柄 子	職業 自営業　続柄 子	職業 なし　続柄 子	職業　続柄
	(5) 生年月日	明・大・昭・平・令（昭に○）　年　月　日	明・大・昭・平・令（昭に○）　年　月　日	明・大・昭・平・令（昭に○）　年　月　日	明・大・昭・平・令
	(6) 電話番号	○○－○○○○－○○○○	○○－○○○○－○○○○	○○－○○○○－○○○○	
	(7) 相続分…B	法定（○）・指定　$\frac{1}{3}$	法定（○）・指定　$\frac{1}{3}$	法定（○）・指定　$\frac{1}{3}$	
	(8) 相続財産の価額	○○○○○○○○ 円	○○○○○○○○ 円	○○○○○○○○ 円	円
6 納める税金等	Aが黒字のとき　各人の納付税額 A × B〔各人の100円未満の端数切捨て〕	○○00円	○○00円	○○00円	00円
	Aが赤字のとき　各人の還付金額〔各人の1円未満の端数切捨て〕	円	円	円	
7 還付される税金の受取場所	銀行等の預金口座に振込みを希望する場合　銀行名等	銀行 金庫・組合 農協・漁協	銀行 金庫・組合 農協・漁協	銀行 金庫・組合 農協・漁協	
	支店名等	本店・支店 出張所 本所・支所	本店・支店 出張所 本所・支所	本店・支店 出張所 本所・支所	本所・支所
	預金の種類	預金	預金	預金	預金
	口座番号				
	ゆうちょ銀行の口座に振込みを希望する場合　貯金口座の記号番号	－	－	－	－
	郵便局等の窓口受取りを希望する場合　郵便局名等				

（注）「**5　相続人等に関する事項**」以降については、相続を放棄した人は記入の必要はありません。

税務署整理欄	整理番号	0		0		0		0	
	番号確認　身元確認		□ 済 □ 未済		□ 済 □ 未済		□ 済 □ 未済		□ 済 □ 未済

一連番号

○この付表は、**申告書と一**……**てください。**

令和3年の改正により押印は不要です

付表作成時点で分け方が決まっていないときは法定相続分を記入します

付表作成時点で財産価格がわからないときは、わかる範囲で金額を記入します

ぶっちゃけ

26 故人の事業を引き継ぐなら、青色申告承認申請書を提出しよう

故人から賃貸不動産やその他の事業を引き継ぐ場合は、「青色申告承認申請書」も一緒に提出することをオススメします。これを提出すれば、今後、相続人が確定申告をする際に青色申告特別控除（10万円・55万円・65万円）などの税制優遇の特典を受けられます。

青色申告承認申請書の提出期限

①原則（故人が青色申告をしていなかった場合）

- 相続開始が１月１日から１月15日：３月15日が提出期限
- 上記以外の場合：相続開始日から２か月以内が提出期限

②相続の特例（故人が青色申告をしていた場合）

- 相続開始が１月１日から８月31日：相続開始から４か月以内
- 相続開始が９月１日から10月31日：その年の12月31日まで
- 相続開始が11月１日から12月31日：その年の翌年２月15日まで

万が一これらの期限を過ぎてしまったとしても、次の年の３月15日までに提出すれば、亡くなった年の翌年からは青色申告の特典を受けることができます。

もし、相続人が事業を引き継いだ場合には、開業・廃業等届出書に加え、源泉所得税や消費税についての書類を提出する必要がありますので、税理士に相談しましょう。

＼ぶっちゃけ／

27 免許、パスポート、マイナンバーの返納手続は絶対に必要？

運転免許証の手続

運転免許証の返納は必要？

運転免許証を所有していた方が亡くなった場合、運転免許証の返納手続が必要になります。ただし、返納は義務ではありません。返納せずに、そのまま所有していた場合であっても、自動的に運転免許証の効力は失われます。しかし、故人の免許証をそのまま放置していると、盗難や紛失により第三者に悪用されるリスクがあります。また、更新時期が近づくと、「運転免許証更新連絡書」の通知（ハガキ）が届きます。この通知の送付を停止するためには、返納の手続が必要になります。

返納期限は？

故人の免許証返納の申請には、特に期限は設けられていません。「速やかに」手続を行うようにしましょう。

返納に必要なものは？

- 返納する運転免許証
- 亡くなったことを証明する書類（死亡診断書のコピーなど）
- 申請に行く方の本人確認書類（運転免許証など）

返納場所は？

故人の住所地を管轄する警察署や運転免許センターで返納手続ができます。土日、祝日、年末年始は休みのところがありますので、事前に確認しましょう。

運転経歴証明書も返納する？

近年、高齢などによる運転能力の低下を自覚し、免許証を自主的に返納する方が増加しています。しかし、公的な身分を証明する本人確認書類がなくなってしまうことを心配する声も多く、そういった方のために導入された制度が「運転経歴証明書」です。

運転経歴証明書は、免許を持っている人が免許のすべてを申請で取り消した日から、過去５年間の運転経歴を証明するものです。この運転経歴証明書も運転免許証と同様に、返納することが可能です。

※運転免許証の自主返納（申請による取り消し）は、大型免許と普通免許を持っている方が、大型免許だけを取り消し、普通免許のみにするなど、一部を取り消すことも可能です。運転経歴証明書は、すべての免許を取り消した後に交付を受けることができます。

運転免許証は返却してもらえる

返納手続が終わった運転免許証は希望すれば、返却を受けることができます。無効の証明としてパンチで穴があけられますが、思い出に返却を受けるのもいいかもしれませんね。

パスポート

旅券法第19条により「遅滞なくその旅券を返納しなければならない」と定められています。故人のパスポートと死亡の事実が確認できる書類、窓口に行く方の本人確認書類を持参し、最寄りのパスポートセンターに届け出ましょう。

マイナンバーカード（通知カード）

死亡届を提出すると自動的に失効するため、返納する必要はありません。悪用防止のため、シュレッダー等で処分しましょう。

コラム3

相続手続にシャチハタは使えない?
本人確認書類は顔写真付きを!

シャチハタは使っていいの?

新型コロナウイルスの影響を受けて「印鑑を廃止しよう!」という流れが広まりつつありますが、世帯主変更や健康保険資格喪失手続等では未だに印鑑が必要です(ちなみに、準確定申告や相続税申告などの税金関係の書類については令和3年4月以降、印鑑は原則として不要となりました)。

遺産分割協議書や銀行などで行う名義変更のときに使う印鑑は基本的には実印ですが、それ以外の手続であれば認印でもOKです。

しかし気をつけたいのは、押印が必要な相続手続において、「シャチハタは基本的にすべてNG」とされていることです。印鑑を持参する際は、必ず実印か認印にしましょう。

本人確認書類は顔写真が付いていないとダメ?

相続手続を行う際、窓口で本人確認書類を提示するよう求められることが多々あります。免許証やパスポート、マイナンバーカード(個人番号カード)等の顔写真付きのものであれば、問題になることはありません。

一方で、健康保険証や年金手帳などの顔写真の付いていないものの場合には、それ1点では受け付けてもらえず、2点以上を提示するよう求められることがあります。

なお、顔写真の付いていない書類が2種類もない場合には、現住所と名前が記載された公共料金の領収書が求められる場合もあります。いずれにしても、顔写真付きの本人確認書類がない場合には、あらかじめ用意すべきものを確認しておきましょう。

第3章

遺産分けの手続

第３章の主な内容

- 遺産分割を早く決めすぎてはいけない！　その理由は？
- 「遺産の取り分が少なすぎる！」申立ての手続は？
- 円満相続に効く生命保険の意外な活用法とは？
- トラブル多発！　不動産の評価額で揉めたら？
- 「相続人と連絡がつかない」ときの４つの対処法

ぶっちゃけ

28 遺産の分け方、2つの基本ルール

遺産の分け方には法律で決められたルールが存在します。それは**「①遺言書があれば、遺言書の通りに分ける」「②遺言書がなければ、相続人全員の話し合いで分け方を決める」**というものです。

「配偶者が２分の１、子供が２分の１」という割合を聞いたことはありませんか。これは「法定相続分」といい、分け方の目安として国が定めているものです（次ページ参照）。ただ、この**法定相続分はあくまで目安。相続人全員の同意があれば、どう分けてもOK**です。遺産の分け方が決まったら、遺産分割協議書を作成しましょう。これは、相続人全員で決めた「遺産分割の内容」を記した書類で、「言った言

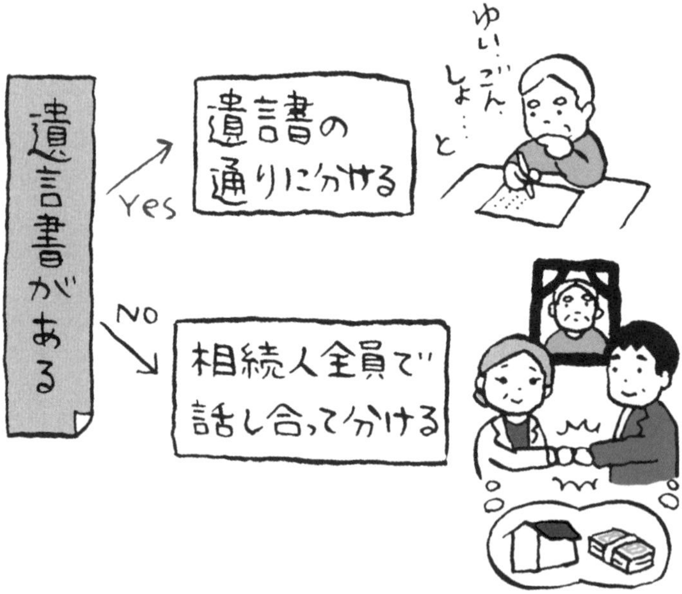

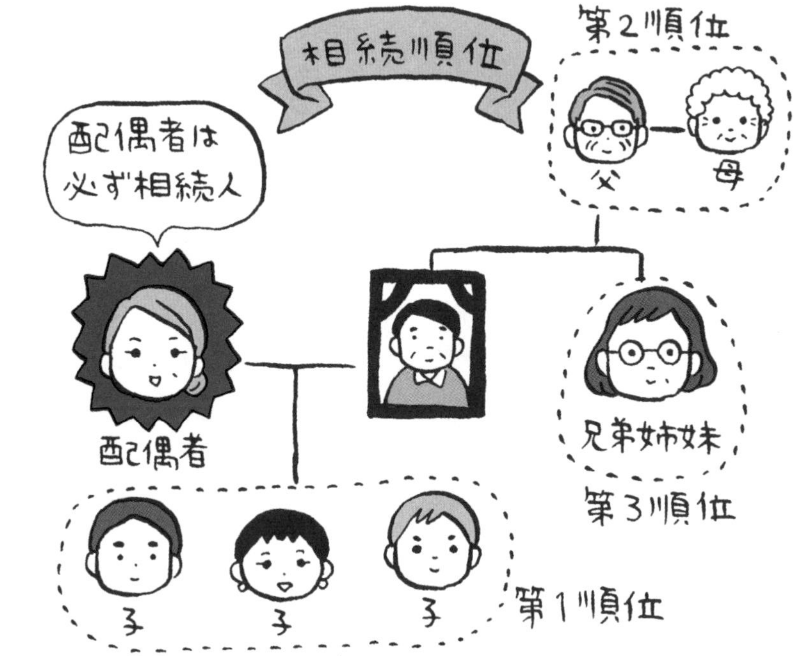
相続順位
第2順位
父
母
配偶者は
必ず相続人
配偶者
兄弟姉妹
第3順位
子
子
子
第1順位

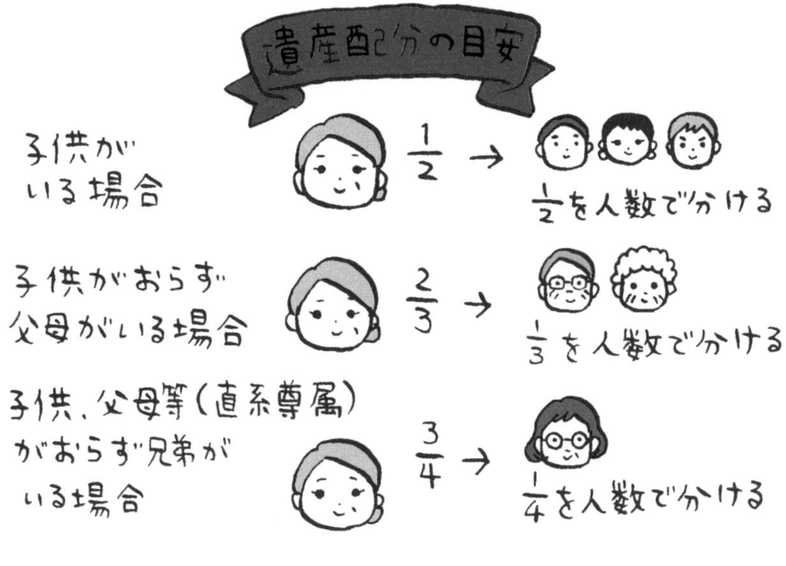
遺産配分の目安
子供がいる場合
$\frac{1}{2}$ →
$\frac{1}{2}$を人数で分ける
子供がおらず父母がいる場合
$\frac{2}{3}$ →
$\frac{1}{3}$を人数で分ける
子供、父母等（直系尊属）がおらず兄弟がいる場合
$\frac{3}{4}$ →
$\frac{1}{4}$を人数で分ける

預金や株式等、他の財産があれば、
忘れずに記入します

遺 産 分 割 協 議 書

令和３年３月２０日，○○市○○町○番地 法務太郎 の死亡によって開始した相続の共同相続人である法務花子，法務一郎及び法務温子は，本日，その相続財産について，次のとおり遺産分割の協議を行った。

相続財産のうち，下記の不動産は，法務一郎（持分２分の１）及び法務温子（持分２分の１）が相続する。

この協議を証するため，本協議書を３通作成して，それぞれに署名，押印し，各自１通を保有するものとする。

令和３年７月１日

○○市○○町二丁目１２番地　　法 務 花 子　実印
○○郡○○町○○３４番地　　法 務 一 郎　実印
○○市○○町三丁目４５番６号　　法 務 温 子　実印

PC作成OK。
しかし、押印は必ず必要です

記

不動産
所　　在　○○市○○町一丁目
地　　番　２３番
地　　目　宅地
地　　積　１２３・４５平方メートル

所　　在　○○市○○町一丁目２３番地
家屋番号　２３番
種　　類　居宅
構　　造　木造かわらぶき２階建
床 面 積　１階　４３・００平方メートル
　　　　　２階　２１・３４平方メートル

不動産は登記簿通り
に記入します

わない」の問題をなくすために、相続人全員で確認したうえで署名押印（実印）し、各自が１部ずつ保管しましょう（押印は必須）。作成に不安がある方は、司法書士などの専門家に依頼しましょう。

＼ぶっちゃけ／

29 遺言書をすぐに開封すると5万円の過料!? 検認しましょう！

故人が遺言書を残していれば、遺族が行う相続手続は格段に楽になります。ただ、遺言書にまつわる特有の注意点もありますので、一緒に確認していきましょう。

遺言書を探す

まずは、故人が遺言書を残していたかどうかを確認しましょう。公正証書遺言の場合は、全国の公証役場に設置されている「遺言検索システム」により確認することが可能です。**故人の戸籍謄本と、検索システムを使う相続人の戸籍謄本を公証役場に持っていけば、故人が公正証書遺言を残していたかどうかを検索することができます。**公証役場は、故人が遺言を残した公証役場でなくても OK なので、最寄りの公証役場に行きましょう。

ただし、遺言検索システムを利用した結果、遺言書が残されていることが判明した場合、その遺言書の請求は、最寄りの公証役場ではなく、遺言が実際に残されている公証役場となります（郵送により交付を受けることも可能です）。なお、当然ですが、遺言書を残した本人が亡くなる前に、家族がその人の遺言書を検索することはできません。

また、**令和２年７月より、自筆証書遺言の法務局保管制度が始まりました**（制度の詳細は『ぶっちゃけ相続』で解説）。この制度を利用していた場合も、公正証書遺言と同様に、全国の法務局で検索することが可能です。

それ以外の遺言（自筆証書遺言）の場合には、**仏壇の中や、金庫や貸金庫の中、ベッドの下、通帳などを保管している引き出しの中などに、遺言書が保管されていることがあります。**「遺言書なんて残していないだろう」という先入観から遺言書の有無を確認せず、遺産分割協議が終わった後に、発見される場合もあります。先入観にとらわれず、一度、しっかり確認しましょう。

公正証書遺言とは?

公正証書遺言には、原本《げんぽん》・正本《せいほん》・謄本《とうほん》の３種類があります。原本は作成した公証役場で保管されているもので、正本と謄本は、遺言作成時に控えとして渡されるコピーです。正本は、原本と同じ効力を持つとされ、各種名義変更で使うことが可能です。

一方で、**謄本は内容確認用として位置づけられており、名義変更で使えない可能性があります。**しかし、昨今では謄本でも名義変更が可能な金融機関が増えていますので、必ずしも正本である必要はありません。お手元にある遺言書が正本か謄本かは、表紙ページの記載で確認できます。

自筆証書遺言なら検認が必須

残した遺言書が、自筆証書遺言だった場合には検認という手続が必要になります。遺言書は封筒に入れ、外から内容が見られない状態にして保管することが原則です。この封筒は、遺言書を見つけた相続人が、その場で開封してはいけません。家庭裁判所に出向き、裁判官が開封し、内容の記録を行います。

もともと封がされていない遺言書だったら?

なお、もともと封がされていない遺言書は無効かというと、そうではありません。**封印されていない遺言書も法的に有効**です。ただ、この場合も検認手続は必要になりますので、忘れないようにしましょう。

検認は、その遺言書に法的な効力があることや、本人が実際に書いたものかを判断するために行うのではなく、検認の日における遺言書の内容を明確にし、その後の偽造・変造を防止するために行います。検認には必ず相続人全員が立ち会わなければいけないわけではありません。出席するかどうかは各自の判断に任されます。

検認を行う家庭裁判所は、故人の最後の住所地を管轄する家庭裁判所になります。必要書類は、故人の出生から死亡までの戸籍謄本、相続人全員の戸籍謄本、収入印紙800円です（遺言の内容によっては必要書類が変わることがあります）。検認の申立てをする際は、107ページの申立書に必要事項を記載し、家庭裁判所に提出します。

検認は必ずしないといけないの？

「私たちの家族は仲がいいので、遺言書の偽造なんて絶対ありません。それでも検認はやらないといけませんか？」

このような質問を受けることがあります。答えは、**家族仲が良くても検認は絶対に必要**になります。法律上、検認手続を怠った者には５万円以下の過料に科せられるという決まりになっています。

ただ、法律で義務づけられているからというより、検認をしないと自分たちに困ることがあります。それは**遺産の名義変更**のときです。自筆証書遺言によって銀行口座や不動産の名義変更をする際は、遺言書とセットで検認手続を受けたことを証明する、検認済証明書の提出が求められます。これがないと、名義変更はできませんので、結局、検認は必要になるのです。

煩《わずら》わしい検認手続は、遺族の負担を増やしてしまいます。その点、公正証書遺言や、自筆証書遺言の法務局保管制度を使えば、検認が不要となりますので、オススメです。

遺言書通りにしなくてもいい？

故人が遺言書を残していたとしても、原則として、**相続人全員の同意があれば、遺言書に書かれた分け方にせず、相続人の話し合いによ**

り遺産の分け方を決めることも可能です。

ただ、あくまで相続人全員の同意が必要となるため、１人でも「私は遺言書の通りに遺産を分けたい」と言う人がいれば、遺言書の通りに遺産を分けることになります。

知っておくべき２つの例外

例外が２つあります。１つは、**遺言執行者が定められている場合**です。遺言執行者とは、遺言書の通りに遺産を分けることを任された人のことで、相続人以外の人や信託銀行等の法人が指定される場合があります。この指定がある場合、遺言の内容以外の分け方にするためには、遺言執行者の同意も必要となります。

もう１つは、**相続人以外の人に財産を残す旨（遺贈《いぞう》の旨）が、遺言書に書かれていた場合**です。この場合は、その指定された人の同意もない限り、遺言書の内容を変えることはできません。

相続人全員の同意のうえ、遺言書の内容を変更することは、実務上、よくあります。最も多いケースは、「遺言書の通りに遺産を分けてしまうと相続税が非常に高額になってしまうケース」です。相続税は遺産の分け方次第で何倍にも増えてしまう恐ろしい税金です。前著『ぶっちゃけ相続』で詳しく解説していますので、ご参照ください。

遺言書の検認の申立て例①

受付印	家事審判申立書　事件名（　遺言書の検認　）
収入印紙　円 予納郵便切手　円 予納収入印紙　円	（この欄に申立手数料として１件について８００円分の収入印紙を貼ってください。） 印紙 （貼った印紙に押印しないでください。） （注意）登記手数料としての収入印紙を納付する場合は，登記手数料としての収入印紙は貼らずにそのまま提出してください。

準口頭		関連事件番号　平成・令和　年（家　）第　号

○○○　家庭裁判所 御中 令和　3 年 12 月 20 日	申立人 （又は法定代理人など） の記名押印	円満一郎　（円満）

添付書類	（審理のために必要な場合は，追加書類の提出をお願いすることがあります。）

申立人	本籍 （国籍）	（戸籍の添付が必要とされていない申立ての場合は，記入する必要はありません。） ○○　都道府県（県）　○○市○○町○丁目○番地
	住所	〒○○○－○○○○　電話　○○（○○○○）○○○○ ○○県○○市○○町○番○号
	連絡先	〒　－　電話　（　） （　方）
	フリガナ 氏名	エンマンイチロウ 円満一郎
		昭和（○）・平成・令和　○年　○月　○日生 （　○歳）
	職業	会社員
※ 遺言者	本籍 （国籍）	（戸籍の添付が必要とされていない申立ての場合は，記入する必要はありません。） ○○　都道府県（県）　○○市○○町○丁目○番地
	住所	〒　－　電話　（　） 申立人の住所と同じ （　方）
	連絡先	〒　－　電話　（　） （　方）
	フリガナ 氏名	エンマンタロウ 円満太郎
		昭和（○）・平成・令和　○年　○月　○日生 （　○歳）
	業	

（注）　太

※の部分　人となるべき者，不在者，共同相続人，被相続人等の区別を記入してください。

「遺言者」と記入。
故人の情報を書きます

遺言書の検認の申立て例②

申　立　て　の　趣　旨
遺言者の自筆証書による遺言書の検認を求めます。

申　立　て　の　理　由
1　申立人は、遺言者から、平成〇年〇月〇日に遺言書を預かり、
申立人の自宅金庫に保管していました。
2　遺言者は、令和〇年〇月〇日に死亡しましたので、
遺言書（封印されている）の検認を求めます。
なお相続人は別紙の相続人目録のとおりです。

申立人、遺言者、遺言書の詳細を記入します

別紙（当事者目録）

相続人情報を記入します

※ 相続人	本　籍	（戸籍の添付が必要とされていない申立ての場合は，記入する必要はありません。） 〇〇　都 道 府 (県)　〇〇市〇〇町〇丁目〇番地	
	住　所	〒〇〇〇-〇〇〇〇 〇〇県〇〇市〇〇町〇番〇号 （　　　方）	
	フリガナ 氏　名	エンマンイチロウ 円満一郎	大正 (昭和) 平成 令和　〇年 〇月 〇日生 （　〇 歳）
※ 相続人	本　籍	（戸籍の添付が必要とされていない申立ての場合は，記入する必要はありません。） 都 道 府 県	
	住　所	〒〇〇〇-〇〇〇〇 〇〇県〇〇市〇〇町〇番〇号 （　　　方）	
	フリガナ 氏　名	エンマンジロウ 円満二郎	大正 (昭和) 平成 令和　〇年 〇月 〇日生 （　〇 歳）

\ぶっちゃけ/

30 貸金庫は１人で開けられない？ 開扉手続のポイント

もし貸金庫があったら？

相続が発生する前であれば、貸金庫の契約者以外でも、あらかじめ定められた代理人であれば貸金庫を開くことが可能です。

しかしながら、相続が発生した後は、代理人であっても貸金庫を開くことはできなくなります。これは、相続人や代理人が貸金庫の中身を着服した場合、銀行は他の相続人から責任を追及されてしまうため、このような取り扱いにしています。

貸金庫を開けるためには、相続人全員の同意が必要になります。必要書類は、①故人の出生から死亡までの戸籍、②相続人全員の戸籍、③相続人全員の印鑑証明、④貸金庫の鍵またはカード、⑤銀行所定の同意書等です（銀行によって取り扱いが変わることもあります）。

遺言執行者がいるとスムーズ

なお、遺言書で貸金庫を開ける人を指定しておけば、他の相続人の同意なく、貸金庫を開けることが可能です。このような権限を与えられた人のことを、遺言執行者といいます。遺言に、「私が契約する貸金庫の開扉《かいひ》、解約および内容物の取り出しをする権限を、遺言執行者○○に与える」と記載しておけばOKです。

ただ、その旨が記載されている**遺言書を、その貸金庫に保管してしまうと、遺言書の内容を証明できないため、結局、相続人全員の同意が必要になるので注意**しましょう。

また、相続人の中に行方不明者がいる場合など、どうしても相続人の同意が得られない場合は、公証人の立会いのもと貸金庫を開けることも可能です。専門家に相談しましょう。

ぶっちゃけ

31 遺産分割を早く決めすぎてはいけない！

故人の遺産の分け方を決めるのは、早くても四十九日法要や納骨、香典返しが終わった後にすることをオススメします。

その理由は、第一に、故人の遺産を正確に把握するには、それ相応の時間がかかるためです。相続人たちが「もうこれで全部だろう」と思っても、「あの銀行にも口座があった！」と、遺産が発見されることはよくあります。また、**相続が発生してから３か月〜半年後に、国や行政から払い戻されるお金（高額療養費や介護保険料過誤納還付金等）もあります。**

また、プラスの遺産とは反対に、マイナスの遺産の把握も重要です。**故人が亡くなった後に支払うべき出費はたくさんあります。**病院や施設への精算金、クレジットカードの未払い分、葬儀費、戒名料、法要、納骨、香典返し、お墓の管理費などなど。

これらが明確になっていない状況で遺産分割協議を進めてしまうと、話がまとまった後に発見される遺産について、再度、協議をしなければいけない事態になります。

このように、プラスの遺産とマイナスの遺産の正確な把握、そしてプラスの遺産の評価額についても、相続人全員の納得が得られる状況をつくり、わかりやすい一覧表も作ったうえで、遺産の分け方を決めていくのがよいでしょう。前提条件がしっかりと固まっている状態であれば、話し合いもスムーズに進みます。

四十九日など、相続人が集まる機会があれば、「まずは遺産をしっかり確認してから、遺産の分け方を決めましょう」と音頭を取り、**相続人全員で協力して遺産の確認を進めていきましょう。**

＼ぶっちゃけ／

32 遺産分割協議後に新たな遺産が見つかった場合

新たな遺産が見つかった場合に相続人の間でトラブルが起きないよう、事前に遺産分割協議書で取り決めを交わしておくのが一般的です。

トラブルを避ける2つの方法

具体的には、**「新たな遺産が見つかった場合には、相続人〇〇が相続する」**と、特定の相続人が相続する旨を遺産分割協議書に記載しておく方法と、**「新たな遺産が見つかった場合には協議により相続する人を決める」**と、話し合いによって相続する人を決める旨を記載しておく方法があります。

ただ、「新たに見つかった遺産の金額が高額であり、その遺産の存在が元からわかっていれば、既に行われた遺産分割とは異なる判断をした場合」や、「特定の相続人が遺産を意図的に隠していた場合」などであれば、遺産分割協議そのものが無効であると主張することもできます。無効となった場合には、新たに見つかった遺産を含めて、一から遺産分割協議をやり直すことになります。

民法と税法の違い

民法上は、相続人全員の同意があれば遺産分割協議のやり直しは原則として可能とされています。ただし、**税法上は、一度、相続税の申告書を提出した後に、遺産分割協議をやり直し、相続人の間で財産を移転した場合には、新たに贈与税が課税されることがあります。**民法と税法で取り扱いが異なりますので、注意が必要ですね。

＼ぶっちゃけ／

33 名寄帳で故人が所有していた不動産の調査をしよう

故人の不動産は、毎年４月～６月に市区町村から送られてくる固定資産税の納税通知書で所在地等を確認できます。しかし、**地方の山林など、固定資産税評価額が安い不動産の場合には、固定資産税が免税となるため、納税通知書が送られてきません。**また、他人と共有している私道等も、代表者にしか納税通知書は届きません。

結果として、故人の不動産の存在を相続人が知ることができず、そのまま放置されてしまうことがあります。

固定資産税が免税となる場合でも、175ページで解説する相続登記義務化の対象になるのはもちろん、相続税の対象にもなるため、そのまま放置はできません。

名寄帳とは？

このような不動産の存在は、名《な》寄帳《よせちょう》を取得すれば確認できます。名寄帳とは、市区町村ごとの所有者別に不動産の情報をまとめた書類です。名寄帳には、不動産の相続手続に必要な情報が網羅されています。

名寄帳は、市区町村役場（東京23区の場合は都税事務所）の窓口で取得するのが原則ですが、郵送による取得も可能です。故人の名寄帳を請求する際は、次の書類が必要になります。市区町村ごとに必要書類が異なるため、必ず事前に確認するようにしましょう。

- 戸籍謄本（故人および相続人）　※法定相続情報一覧図も可
- 窓口で申請する人の本人確認書類
- 手数料（市区町村により異なりますが、１通300円前後）

ぶっちゃけ

34 もし連絡がつかない相続人がいたら？ ４つの対処法

遺産分割協議は、相続人の全員が参加することが必須です。しかし、家族が不仲であったり、行方不明であったりと、全員が揃うことができない場合も想定されます。その場合の手続について解説します。

ケース①　相手方の連絡先（住所）はわかるが、不仲で遺産分割協議に参加しない場合

この場合は、遺産分割協議ができないため、遺産分割調停を行うしかありません。**調停の申立てをすれば、裁判所から相手方に呼び出し状を送ってくれるので、自分から連絡を取る必要はありません。**調停への出席も拒み続けた場合には、調停は不成立となり、遺産分割審判に進み、裁判所が遺産分割の内容を決定することになります。

ケース②　相手方の連絡先（住所）がわからず、連絡が取れない場合

相続人の住所地は、その人の「戸籍の附票」を取得できれば確認することができます。戸籍の附票には、これまでの住民票に登録された住所地の履歴が書かれていますので、現在の住所地がわかります。ただ、他人の戸籍の附票は勝手には取得できません。

相手が未婚で、故人と同じ戸籍に入っている場合には、故人の戸籍の附票を取得することにより、相手方の住所を確認することが可能です。

相手が婚姻により独立した戸籍を作っている場合でも、**直系血族であれば相手の同意なく戸籍の附票が取得可能**です。例えば、母であれば、子の戸籍の附票が取れますし、子であれば、母の戸籍の附票を取得することが可能です。

一方で、兄弟姉妹等の関係である場合には、相手の同意なく戸籍の

附票は原則として取得できません。例えば、兄だからといって、弟や妹の戸籍の附票を勝手に取ることはできないのです。

ただし、戸籍の附票を請求する正当な理由があると認められた場合には、第三者であっても戸籍の附票を取得できることがあります。この判断は各役所が行いますので、窓口で相談してみましょう。ただ、いずれの場合にしても、相手方の本籍地のある役所に申請をすることになるので、そもそも本籍地がわからなければ、この方法は使うことができません。住所地がわかれば、まずは遺産分割協議に参加してもらうよう手紙を送り、反応がなければケース①のプロセスに進むことになります。

ケース③　相手方が住所地におらず、完全に行方不明である場合

現住所に相手方がいない場合や、海外に住んでいるため日本に住民登録がなく、完全に行方がわからない場合には、**「不在者財産管理人」を選任しましょう。**不在者財産管理人とは、行方不明になっている人の代わりに財産を管理する人のことをいい、相続に利害関係がない親族や弁護士、司法書士などの専門家が選ばれます。この選任申立ての手続は、行方不明者の最後の住所地を管轄する家庭裁判所に行います。

不在者財産管理人は家庭裁判所の許可を得ることができれば遺産分割協議に参加することが可能です。不在者財産管理人は、基本的には行方不明者の権利を守るために、法定相続分を主張することになると思われます。

ケース④　生存の可能性が低い場合

生死不明の状況が７年以上経過している場合や、災害に遭って生存の可能性が低い場合には、家庭裁判所に「失踪宣告」を申し立てることができます。**失踪宣告が行われると、その相続人は死亡したものとして扱われるので、遺産分割協議に参加させる必要がなくなります。**

ただ、その失踪者に相続人がいる場合には、代襲相続（相続する権利が、次の代の相続人に受け継がれること）により、その相続人が遺産分割協議に参加することになります。失踪には次の２種類があります。

- 普通失踪：行方不明になって７年間生死が明らかでない場合
- 危難失踪：戦争、船舶の沈没、震災などの危難に遭遇して、その危難がやんだ後１年間生死が明らかでない場合

遺言書があれば相続手続可能

連絡が取れない相続人がいたとしても、法的に有効な遺言書があれば、他の相続人の同意は必要なく、遺言書の通りに遺産分割を行い、銀行口座の解約や不動産の名義変更も可能です。連絡のつかないご家族がいる場合には、遺言書はしっかり用意しておきたいところですね。

相続人と連絡がつかないときは?

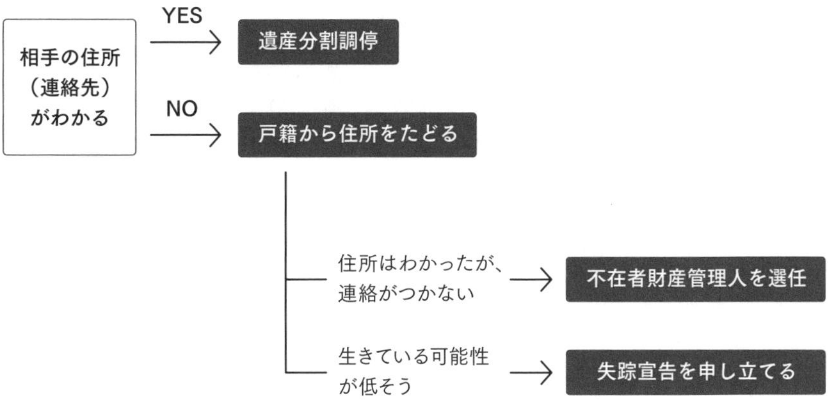

＼ぶっちゃけ／

35 「借金は相続したくない」相続放棄の手続

近年、相続放棄を行う人は増加傾向にあり、2009年時点では15万件だったものが、2019年時点では22万件となりました。

その背景には、空き家を放置することに対する罰則が強化されたこと等から、**「不要な不動産を相続したくない」**という理由の人が増えているといわれています。

相続放棄は、相続人１人で行うことができ、手続もそれほど複雑ではありません。しかし、相続放棄ができる期限は、**相続の開始があったことを知ったときから３か月以内**とされており、非常にタイトなスケジュールとなります。

手続の流れをしっかり把握しておきましょう。

手順①　相続財産の調査

通常、相続放棄は故人がプラスの遺産よりも、マイナスの遺産を多く残したときに行います。そのため、**相続放棄の手続をする際は、まず遺産の状況を正確に調査することから始めなければなりません。**

遺産を調査するためには、その内容がわかる資料が必要になります。例えば、預貯金であれば通帳やキャッシュカード、不動産であれば権利証（登記識別情報）や固定資産税の納税通知書などです。相続人が遺産の調査をする場合、まずこれらの資料や書類を探しましょう。

もし、これらの資料や書類が見当たらなかった場合、故人の保有していた預貯金や不動産を調査するため、金融機関に照会したり名寄帳（固定資産課税台帳）の写しを請求したりしなければなりません。その際、故人の死亡の記載がある戸籍謄本と請求者が相続人であることを証明できる戸籍謄本も必要になるので準備しておきましょう。

それから、遺産の調査をする際、金融機関や役所から本人確認書類の提示を求められるので、運転免許証などの用意も欠かせません。

また、相続放棄には手続できる期限が定められています。そのため、その**期限内に相続放棄の手続ができるように遺産の調査を終わらせなければならないのが原則**です。

しかし、遺産の状況によっては期限内に調査を終わらせるのが難しいケースもあるでしょう。そのようなときは、家庭裁判所に申し立てて、相続放棄の期限を延ばしてもらうことを検討する必要があります。

手順②　相続放棄申述書の郵送

遺産の状況を調査した結果、マイナスの遺産のほうがプラスの遺産より多いことがわかった場合、相続放棄を検討します。

相続放棄をするには家庭裁判所へ申述（申立て）をしなければなりません。相続放棄は申述先の家庭裁判所まで出向き、書類を提出して行うのが原則ですが、郵送で手続することも可能です。申述先の家庭裁判所が自宅から遠方にある場合は、郵送で手続をするとよいでしょう。

相続放棄の申述をする際、相続人１人につき800円の印紙と連絡用の郵便切手代が必要になります。故人の相続関係や放棄する相続人の状況により、相続放棄の手続にかかる期間が違います。単純な事案でスムーズに進めば、１週間以内で手続が完了するケースも珍しくありません。

なお、**相続放棄の申述は、故人の最後の住所地を管轄する家庭裁判所で行わなければなりません。**故人の最後の住所地とは、通常は故人が亡くなったときの住民票に記載されている住所のことです。

ただ、故人が住民票と違う場所に住んでいて、そこで亡くなったときは、その場所が最後の住所地になります。そのため、相続放棄の申述をする際、あらかじめ管轄の家庭裁判所を確認してから、申述書を

相続放棄の申立て例①

受付印	相　続　放　棄　申　述　書
	（この欄に収入印紙 800 円分を貼ってください。） （貼った印紙に押印しないでください。）
収入印紙　　円	
予納郵便切手　　円	

準口頭		関連事件番号　平成・令和　　年（家　　）第　　　号

○○○ 家庭裁判所 御中 令和　3 年　12 月　20 日	申述人 （未成年者などの場合は法定代理人） の記名押印	円満一郎　　円満 印

添付書類	（同じ書類は1通で足ります。審理のために必要な場合は，追加書類の提出をお願いすることがあります。） ☑戸籍（除籍・改製原戸籍）謄本（全部事項証明書）　合計 ○ 通 ☑被相続人の住民票除票又は戸籍附票 □

申述人	本籍（国籍）	○○ 都道府(県) ○○市○○町○丁目○番地		
	住所	〒○○○−○○○○　電話 ○○（○○○○）○○○○ ○○県○○市○○町○番○号　（　　方）		
	フリガナ 氏名	エンマンイチロウ 円満一郎	(昭和) 平成 ○年 ○月 ○日生 令和 （ ○ 歳）	職業　会社員
	被相続人との関係	※ 被相続人の………(1) 子　2 孫　3 配偶者　4 直系尊属（父母・祖父母） 5 兄弟姉妹　6 おいめい　7 その他（　　）		
法定代理人等	※ 1 親権者 2 後見人 3	住所　〒　−　電話　（　）		
		フリガナ 氏名	フリガナ 氏名	
被相続人	本籍（国籍）	○○ 都道府(県) ○○市○○町○丁目○番地		
	最後の住所	○○県○○市○○町○番○号	死亡当時の職業	無職
	フリガナ 氏名	エンマンタロウ 円満太郎	平成 (令和) ○年 ○月 ○日死亡	

申述人（申立人）、被相続人の情報を記入します

（注）　太枠の中だけ記入してください。　※の部分は，当てはまる番号を○で囲み，被相続人との関係欄の7，法定代理人等欄の3を選んだ場合には，具体的に記入してください。

相続放棄（1/2）

（942080）

相続放棄の申立て例②

申　述　の　趣　旨
相続の放棄をする。

申　述　の　理　由		
※　相続の開始を知った日…………平成・令和　○年　○月　○日 1　被相続人死亡の当日　　3　先順位者の相続放棄を知った日 2　死亡の通知をうけた日　　4　その他（　　　）		
放棄の理由	相続財産の概略	
※ 1　被相続人から生前に贈与を受けている。 2　生活が安定している。 3　遺産が少ない。 4　遺産を分散させたくない。 5　債務超過のため。 6　その他（　　　）	資産	農　地……約　　平方メートル 現　金 預貯金………約　　万円 山　林……約　　平方メートル 有価証券……約 100 万円 宅　地……約　　平方メートル 建　物……約 20 平方メートル
	負　債……………………………………約 1000 万円	

（注）　太枠の中だけ記入してください。　※の部分は，当てはまる番号を○で囲み，申述の理由欄の4，放棄の理由欄の6を選んだ場合には，（　　）内に具体的に記入してください。

作成したり必要書類を揃えたりしたほうがよいでしょう。

手順③　届いた照会書への回答

相続人が相続放棄の申述を行うと、手続先の家庭裁判所から照会書が送られてきます。照会書とは、相続放棄の要件を満たしているか否かを確認するため、家庭裁判所側が放棄をした相続人に対して一定の事項を質問するために送る書類のことです。

「故人の遺産の内容をどのくらい把握しているのか」

「なぜ相続を放棄するのか」

こうした事項が照会書によって質問されます。家庭裁判所から相続人のもとへ照会書が届いたら、回答しなければなりません。照会書の質問事項に回答したら家庭裁判所へ返送します。

相続人が照会書で回答した内容は、相続放棄の要件を満たしているか否かを判断するための参考資料となるので、事実を正確に記載することが大切です。また、照会書の回答事項の下に、相続人の氏名と電話番号を記載してその横に押印します。その際、相続放棄申述書に押印した印鑑と同じものを使用して押印しなければなりません。これらのことを不備なく行うために、**相続放棄の申述をする際は、相続放棄申述書の写しを取っておいたほうがよい**でしょう。

手順④　相続放棄申述受理通知書の受け取り

照会書を返送した後、家庭裁判所で相続放棄の要件を満たしているか否かの判断を行います。問題なければ相続放棄の手続が受理され、相続人のもとに相続放棄申述受理通知書が届きます。

相続人は、この書類を受け取ることで相続放棄が認められたことを確認することができるのです。**相続放棄申述受理証明書は再発行してもらえない**ので、家庭裁判所から届いたら、しっかり保管しておきましょう。

また、他の機関に対して故人の相続を放棄したことを証明するために、相続放棄申述受理証明書が必要になるケースもあります。例えば、故人の預貯金や不動産の相続手続を行う際、法定相続人の中に相続を放棄した人がいる場合です。

「これ」をすると相続放棄できません

故人の遺産を少しでも自分のために使ってしまうと、その相続人は相続放棄をすることができなくなります。故人の遺産の管理には細心の注意を払いましょう。

ぶっちゃけ

36 相続放棄以外の借金問題への対処法

相続における借金問題が生じたとき、相続放棄をして対処するのが一般的です。しかし、状況によっては、相続放棄以外の方法で対処したほうが良いケースもあります。例えば、故人にプラスの遺産が多いのか、マイナスの遺産が多いのかがわからない場合や、相続人自身が借金を背負っている場合が挙げられます。

方法①　限定承認

相続人が故人の遺産をすべて引き継ぐことを単純承認といいます。もし、故人の遺産の中に借金がある場合、単純承認を行うと相続人はその借金をすべて引き継がなければなりません。

一方、限定承認をすれば、遺産に含まれるプラスの遺産の範囲内で借金を承継する形になります。そのため、故人の借金を相続しても、自分の財産で返済をしなくて済むのです。

ただ、**限定承認をするためには、法定相続人全員で行わなければなりません。**実際の手続は、相続放棄の場合と比べてはるかに複雑なので、専門家に相談しましょう。

方法②　自己破産

相続を放棄すれば、故人の借金を引き継がなくて済みます。しかし、自分がもともと借金を背負っていた場合、当然、その支払いからは逃れられません。もし、自分の借金を放棄したいのであれば、自己破産を選択しましょう。裁判所へ自己破産の申立てを行い、破産手続の開始決定を受けた後、免責（借金を免除してもらう）の許可を受けられれば、借金の支払義務がなくなります。

ぶっちゃけ

37 争族になったら？
遺産分割調停と審判の手続

遺産の分け方について、相続人同士で合意ができない場合には、遺産分割調停を家庭裁判所に申し立てることになります。調停という言葉を聞いたことがある方は多いと思いますが、実際に何をしているかを知っている方は少ないのではないでしょうか。

調停は相続人同士の「話し合い」

調停とは、裁判官が一方的に判決を言い渡すわけではなく、あくまで、相続人同士の話し合いに家庭裁判所の調停委員が間に入り、**落としどころを探っていく手続**になります。

調停では、最終的に合意に至らないことも多々あります。合意できないときは、審判《しんぱん》という手続に移ります。裁判官が一方的に決論を言い渡す形で、遺産分割の内容が決まっていくことになります。

2019年度の統計を見ていきましょう。日本全国で１万2785件の調停が行われ、調停成立が6320件、申立人の意見が認められた認容《にんよう》が964件（あわせて約57％）、審判に進んだのが3073件（約24％）、調停の取り下げなどが2428件（約19％）となりました。全体を見ると、**６割弱は調停の段階で決着がつく**ことになります。

調停が不成立になるケースは、正当な理由なく欠席を続ける相続人がいる場合や、一方が極めて不合理な主張を取り下げない場合が挙げられます。調停は、あくまで話し合いの場ですので、譲り合いの気持ちが必要になるのです。調停では、原則として相続人全員の出席が求められます。１回目の調停では、当事者同士顔を合わせることがありますが、２回目以降は、調停委員と交代で話をしていくことになり、基本的には、顔を合わせることはありません。また、弁護士を代理人にすることも可能なので、どうしても出席したくない方は、早めに弁護士に依頼するのがいいでしょう。調停は、１～２か月に１回のペースで行われ、平均でも５回以上行われます。

調停が不成立となり、審判まで進んだ場合、基本的には、**法定相続分を基準とした分け方に落ち着く可能性が高くなります。**

寄与分や特別受益については、それを主張する側に証明する責任があるため、証拠がなければ認められないのが実情です（詳細は『ぶっちゃけ相続』で解説）。それ相応の覚悟をもって臨みましょう。

遺産分割調停の必要書類は下記の通りです。申立書の記入例は次ページをご覧ください。

遺産分割調停の必要書類

●申立書

●相続関係を証する戸籍謄本一式

●相続人全員の住民票（本籍地は任意。マイナンバーはNG）

●遺産に関する証明書など

●収入印紙1200円、連絡用の郵便切手

遺産の分け方が決まらないときの相続税申告

相続税の申告は、相続の開始があったことを知った日から10か月以内に行わなければいけません。しかし、遺産の分け方が決まらないと、相続税の金額を確定させることができません。この場合、各相続人は「法定相続分で相続した」とみなして計算した相続税額を納税しなければなりません。この際、**相続税の各種特例は使えないため、非常に高額な税額になる可能性があります。**その後、遺産分割が確定したら、先に納めた税額と、本来の税額の差額は還付されますが、一時的ではあっても多額の相続税を納めることは負担になりますので、できれば10か月以内に遺産分割を固めたいところですね。

遺産分割調停の申立ての記入例

この申立書の写しは，法律の定めにより，申立ての内容を知らせるため，相手方に送付されます。

受付印	**遺産分割** ☑ **調停** □ **審判** **申立書**
	（この欄に申立て１件あたり収入印紙１，２００円分を貼ってください。） 印紙 （貼った印紙に押印しないでください。）
収入印紙　円 予納郵便切手　円	

○○○　家庭裁判所 御中 令和　○年　○月　○日	申立人 （又は法定代理人など） の記名押印	円満一郎　（円満 印）

添付書類	（審理のために必要な場合は，追加書類の提出をお願いすることがあります。） ☑ 戸籍（除籍・改製原戸籍）謄本（全部事項証明書）　合計 ○ 通 ☑ 住民票又は戸籍附票　合計 ○ 通　☑ 不動産登記事項証明書　合計 ○ 通 ☑ 固定資産評価証明書　合計 ○ 通　☑ 預貯金通帳写し又は残高証明書　合計 ○ 通 ☑ 有価証券写し　合計 ○ 通　□	準口頭

当事者		別紙当事者目録記載のとおり	
被相続人	最後の住所	○○　都道府県（県に〇印）　○○市○○町○丁目○番○号	
	フリガナ 氏名	エンマンイチロウ 円満一郎	平成・令和（令和に〇印）　○年　○月　○日死亡

申立ての趣旨
☑ 被相続人の遺産の全部の分割の（☑ 調停 ／ □ 審判）を求める。
□ 被相続人の遺産のうち，別紙遺産目録記載の次の遺産の分割の（□ 調停 ／ □ 審判）を求める。※1 【土地】……………… 【建物】……………… 【現金，預・貯金，株式等】………………

該当するものにチェックを入れます

申立ての理由	
遺産の種類及び内容	別紙遺産目録記載のとおり
特別受益 ※2	☑ 有 ／ □ 無 ／ □不明
事前の遺産の一部分割 ※3	☑ 有 ／ □ 無 ／ □不明
事前の預貯金債権の行使 ※4	☑ 有 ／ □ 無 ／ □不明
申立ての動機	☑ 分割の方法が決まらない。 □ 相続人の資格に争いがある。 □ 遺産の範囲に争いがある。 □ その他（……………………）

（注）太枠の中だけ記入してください。□の部分は該当するものにチェックしてください。
※1　一部の分割を求める場合は，分割の対象とする各遺産目録記載の遺産の番号を記入してください。
※2　被相続人から生前に贈与を受けている等特別な利益を受けている者の有無を選択してください。「有」を選択した場合には，遺産目録のほかに，特別受益目録を作成の上，別紙として添付してください。
※3　この申立てまでにした被相続人の遺産の一部の分割の有無を選択してください。「有」を選択した場合には，遺産目録のほかに，分割済遺産目録を作成の上，別紙として添付してください。
※4　相続開始時からこの申立てまでに各共同相続人が民法９０９条の２に基づいて単独でした預貯金債権の行使の有無を選択してください。「有」を選択した場合には，遺産目録【現金，預・貯金，株式等】に記載されている当該預貯金債権の欄の備考欄に権利行使の内容を記入してください。

遺産（1/　）

遺産分割調停の進め方

① 相続人の範囲

誰が相続人かを確認します。

(注)戸籍が事実と異なるなど相続人の範囲に問題がある場合には、人事訴訟等の手続が必要です。なお、相続人の中に認知症などで判断能力に問題がある方がいる場合には、成年後見等の手続が必要です。

↓ **合意**

② 遺産の範囲

原則として、被相続人が亡くなった時点で所有していて、現在も存在するものが遺産分割の対象となる遺産であり、その範囲を確定します。

(注)遺言書や遺産分割協議書で分け方が決まっている財産は、遺産分割の対象になりません。誰かが遺産を隠したり、勝手に使ってしまったという場合には、遺産分割以外の手続が必要な場合があります。

↓ **合意**

③ 遺産の評価

遺産分割の対象となる不動産のうち、不動産等の評価額を確認します。

→ **合意できない**

鑑定が必要です。
鑑定費用は相続人の方にあらかじめ納めてもらいます。

↓ **合意**

④ 各相続人の取得額

②で確認し、③で評価した遺産について、法定相続分に基づいて各相続人の取得額が決まります。ただし、法律の条件を満たす特別受益や寄与分が認められる場合には、それらを考慮して各相続人の取得額を修正します。

↓ **合意**

⑤ 遺産の分割方法

④の取得額に基づいて、各相続人に分割します。遺産の分割方法には、現物分割(その物を分けること)、代償分割(物を分けるが、差額を金銭で調整すること)、換価分割(売却して金銭を分配すること)などがあります。

↓ **合意**

調停成立!

出典:東京家庭裁判所家事第5部「遺産分割調停の進め方」

＼ぶっちゃけ／

38 遺産の取り分が少なすぎる！
遺留分侵害額請求とは？

「全財産を長男に相続させる。次男には１円も相続させない」というような極端な内容の遺言書があっても、兄弟姉妹（甥姪）以外の人が相続人となる場合には、**最低限の金額は必ず相続できる権利、遺留分が存在します。**遺留分は、法定相続分の半分と覚えておいてください（例外あり）。前述の場合であれば、次男は長男に遺留分に達するまでの金銭を要求することができます。

当事者間の話し合いで合意ができない場合は、家庭裁判所で調停手続を行います。争点になりやすいのは、「遺留分の算定の基礎となる財産の評価額をどうするか」と「過去に特別受益となる生前贈与があったかどうか」です（詳細は『ぶっちゃけ相続』にて解説）。

遺留分侵害額の請求は、**相続の開始があったことを知った日から１年以内**（または相続開始から10年以内）に行う必要があり、権利を行使する人が、相手方にその意思表示をする必要があります。調停の申立てをしただけでは意思表示したことにはなりませんので、調停の申立てとは別に内容証明郵便等により意思表示を行いましょう。

調停の申立てに必要な書類は、相続人を明らかにする戸籍謄本、遺言書の写し、遺産に関する証明書（固定資産評価証明書、預金通帳の写し等）です。**遺留分侵害額の計算をするためには、故人が残した遺産の金額を明確にする必要があります**が、この作業が一筋縄ではいきません。まず、侵害額の請求をする側の人は、故人の遺産の詳細がわからず、その詳細を相手方の相続人に聞いても、関係性が悪く、教えてもらえないことも多々あります。この場合は、故人が利用していたと思われる金融機関に片っ端から連絡し、過去の履歴を取り寄せるなど、大変な労力をかけて遺産の総額を明確にしなければいけません。

遺留分侵害額請求の申立書の記入例

この申立書の写しは，法律の定めるところにより，申立ての内容を知らせるため，相手方に送付されます。

受付印	家事 ☑ 調停 □ 審判 申立書 事件名（遺留分侵害額の請求）
	（この欄に申立て１件あたり収入印紙１，２００円分を貼ってください。） 印紙 （貼った印
収入印紙 円 予納郵便切手 円	

添付書類は正確に記入しましょう

○○○ 家庭裁判所 御中 令和 ○年 ○月 ○日	申立人（又は法定代理人など）の記名押印	円満二郎 印（円満）

添付書類	（審理のために必要な場合は，追加書類の提出をお願いすることがあります。） 戸籍（除籍・改製原戸籍謄本・全部事項証明書）○通 不動産登記事項証明書○通、固定資産評価証明書○通、残高証明書○通、遺言書写し	準口頭

申立人	本籍（国籍）	（戸籍の添付が必要とされていない申立ての場合は，記入する必要はありません。） 都道府県 ※1	
	住所	〒○○○－○○○○ ○○県○○市○○町○番○号 （ 方）	
	フリガナ 氏名	円満二郎《エンマンジロウ》	大正 (昭和) 平成 令和 ○年 ○月 ○日生 （ ○歳）
相手方	本籍（国籍）	（戸籍の添付が必要とされていない申立ての場合は，記入する必要はありません。） 都道府県	
	住所	〒○○○－○○○○ ○○県○○市○○町○番○号 （ 方）	
	フリガナ 氏名	円満一郎《エンマンイチロウ》	大正 (昭和) 平成 令和 ○年 ○月 ○日生 （ ○歳）

（注） 太枠の中だけ記入してください。

申立人と相手方の情報を記入します

※1 本申立てについては、本籍の記入は不要です。

＼ぶっちゃけ／

39 トラブル多発！不動産の評価額をいくらにするのか問題

遺産分割協議や遺留分の金額を決める際に、相続人同士で意見が対立しやすいのは「不動産の評価額をいくらにするか」という論点です。

不動産の評価で揉める理由

役所で取得することができる固定資産評価証明書に記載されている金額は、「固定資産税評価額」という固定資産税を計算するために用いられる評価額です。

この**固定資産税評価額は、その不動産を実際に売却するとした場合の価格（時価）と比べると、かなり安い金額**となっています。一般的には、固定資産税評価額は時価の６割前後に設定されているため、1000万円で売れる物件でも、固定資産税評価額は600万円を下回ることも多々あります。

このように実際の売買価格と固定資産税評価額には大きな乖離があるため、固定資産税評価額を基準として遺産分割や遺留分を考えてしまうと、**不動産を相続する人のほうが有利**となります。そのため他の相続人が「この不動産の本当の価値がこんなに安いはずはない」と、不動産の本当の価値を巡って意見が衝突するのです。また、不動産の評価額には、固定資産税評価額以外にもさまざまな評価が存在します。

①時価…不動産を第三者に売却するとした場合の価格
②公示価格…国土交通省から標準的な宅地価格として公表された価格
③固定資産税評価額…固定資産税を計算するための評価額
④相続税評価額…相続税を計算するための評価額（時価の約８割）
⑤鑑定評価…不動産鑑定士が鑑定した評価額

ちなみに、相続税評価額は、その不動産の使い方（自分で使うか、人に貸すか）次第で大きく変わりますが、固定資産税評価額は変わりません。詳しくは『ぶっちゃけ相続』で解説しています。

公平性を重視か、明瞭性を重視か

公平性を重視するのであれば、①を遺産分割の基準として採用するべきですが、実際に売るわけでもないのに、不動産の時価を把握するのは困難です。３社くらいの不動産会社に無料査定を依頼し、その平均値を採用するか、不動産鑑定士に鑑定を依頼するのがいいでしょう。ただ、不動産会社に無料査定を依頼すると、その後に「不動産を売りましょう」と積極的なセールスをされますので、ご注意ください。

明瞭性を重視するのであれば、③か④を採用する方法がよいでしょう。個人的にオススメするのは、①と③④の間をとる方法として、**土地については④×1.25の価格、建物については③×1.3の価格が、おおよそ①の価格となるので、その価格を基準に遺産分割を考える**方法です。これであれば、公平性と明瞭性の両面から見てもバランスがとれるでしょう。

どうしても意見がまとまらない場合は？

調停をしても意見がまとまらない場合には、家庭裁判所が選任した不動産鑑定士が鑑定評価額を算出し、その評価額を基準とする方法が採られることが一般的です。その際、鑑定費用は相続人の負担となります。

＼ぶっちゃけ／

40 生命保険金の受取手続

生命保険金の受取手続について解説します。

生命保険は相続が開始した日の翌日から３年を経過すると時効となり、請求ができなくなってしまう可能性があります。早めに受け取りの手続を済ませましょう。

保険証券を確認

生命保険の手続はまず、「故人は生命保険に加入していたのか？」、「どの保険会社の、どの保険に加入していたのか？」といった、生命保険の情報を収集することから始めます。生命保険に加入すると、保険証券をはじめとした、保険の内容がわかる書類が契約者に渡されます。このような書類がある場合には、保険会社や保険金額、受取人等の詳細が容易に把握できます。見つからない場合は、思い当たる生命保険会社に直接問い合わせをして確認しましょう。

生命保険の内容が確認できたら、次は実際に保険会社に、「生命保険金の請求」を行います。**生命保険金の請求は受取人本人が行うのが原則**です。しかし受取人が認知症で意思能力がなく、自ら手続を行えないような場合には、親族が代わりに行うことができます。生命保険金の請求手続は次の通りです。

生命保険金の請求手続

①保険会社に相続があった旨を伝える

②保険会社から「保険金の請求書」が送られてくる（訪問や郵送）

③必要事項を記載した「保険金の請求書」と、その他必要書類を保険会社に送る

④保険会社が内容を確認し、不備がなければ指定の口座に保険金が振り込まれる

受け取りに必要な書類

- 死亡診断書のコピー
- 受取人の本人確認書類

保険会社によって多少異なりますが、基本的には上記書類が必要です。必要書類等を保険会社に送ったら、保険金は5営業日ほどで振り込まれることが一般的です。ただし、特別な死亡理由（自殺など）の場合には、保険金を支払うかどうかの審査が必要となるため、振込まで非常に長い期間（数か月〜数年）かかることがあります。

生命保険金と相続税

生命保険金は、被保険者の死亡により支給されることから、相続税との関係も重要です。

生命保険金を取得した際、その受取人が相続人である場合には**「500万円×法定相続人の数」までは非課税**とされています。

ここでのポイントは、受取人が相続人であることに限定されている点です。よくある失敗例として、**孫を保険受取人としている場合、基本的に孫は相続人ではないので、保険金は非課税になりません。**相続税のかからないご家庭であれば実害はありませんが、かかるご家庭においては税負担が重くなりますので注意しましょう。

また、節税の恩恵を多く享受したいのであれば、生命保険金の受取人は、配偶者よりも子供にしておいたほうが有利です。その理由は前著『ぶっちゃけ相続』で解説していますので、ぜひご参照ください。

\ぶっちゃけ/

41 生命保険の契約者が先に死亡した場合は、契約者変更が必要です

契約者と被保険者が異なる生命保険に加入し、契約者が先に亡くなった場合には、「生命保険金の請求」とは異なる手続をしなければならないので、注意が必要です。保険契約の登場人物を解説します。

契約者と被保険者の違いは?

契約者：保険の契約者で、原則として、保険料を負担する人
被保険者：保険対象者。この人が亡くなると保険金が支給される
受取人：保険金を受け取る人

例えば「契約者＝夫Ａ、被保険者＝妻Ｂ、受取人＝子Ｃ」の場合、**Aさんが亡くなったとしても、被保険者Bさんは健在であるため、保険金の支払いはありません。**しかし、何も手続をしなくてもいいのかというと、そういう訳ではありません。この場合には、契約者は亡くなっても生命保険契約自体は継続するので、契約者の変更手続をする必要があります。契約者の変更は以下のように行います。

①契約者の死亡を保険会社に伝える
②死亡診断書や、新たに契約者となる人の本人確認書類等（※）の資料を提出する
③保険料が引き落とされる口座が変更され、その後は契約が継続する

※保険会社にもよりますが、現在の契約者と新たに契約者になる方の関係を確認するための戸籍謄本や、他の相続人の承諾書等が必要になる場合があります。

＋α相続税での注意点！！

契約者が先に死亡した場合、生命保険金の支払いはありませんので、相続税は関係はないと考える方が多いのですが、落し穴があります！

このケースにおいて、新しく契約者になった人が、仮にその保険を解約すると、故人が保険会社に積み立てていた分の解約返戻金《かいやくへんれいきん》を受け取ることができます。お金の動きとしては、保険料という形で保険会社に積み立てを行っており、それを新しく契約者になった人が相続したのと同じなのです。そのため、**相続開始時点における解約返戻金相当額を、相続財産として相続税の計算に含めなければいけない**のです。この申告漏れが非常に多いので、申告が必要な方は注意しましょう。

※解約返戻金の金額を明らかにするために、「解約返戻金証明書」という書類を保険会社から発行してもらいましょう。

＼ぶっちゃけ／

42 円満相続実現のために、生命保険を活用しよう

生命保険不要論を唱える専門家も増えてきましたが、私はこれからの相続対策を考えるうえで、生命保険は活用したほうが良いと考えています。生命保険には、他の財産にはない特殊な性質があるため、円満な相続を実現させるための潤滑油として活きてきます。

生命保険金は「遺産」ではない

最も大きなメリットは「生命保険金は遺産分割協議の対象にならない」という点です。通常、不動産や預金、株式などの遺産は、遺言書があるか、遺産分割協議で相続人全員の同意がなければ、分け方を決めることはできません。しかし、**民法上、生命保険金は受取人固有の財産と位置づけられており、そもそも遺産ではない、という位置づけ**です。そのため、受取人として指定されていた人が、他の相続人の同意を必要とせず、保険金を受け取ることが可能なのです。

他の相続人に内緒にできる?

また、生命保険の存在は他の相続人に開示する必要がない、という点も大きな特性です。相続人の中で１人だけが受取人になっているような場合だと、他の相続人から「生命保険金の金額分は、相続する財産を減らすべきだ」と言われることがあります。

通常、預金や不動産などの遺産の場合、その存在を隠して遺産分割協議を行った場合には、その遺産分割協議は後からでも無効にすることができます。しかし、生命保険金はそもそも遺産ではないため、**その存在を黙っていたとしても、遺産分割協議が無効になることはありません。**そのため、先ほどのように、他の相続人から生命保険金のこ

とを言われるくらいであれば、初めから生命保険金の存在を他の相続人に伝えない、という選択もありかもしれません。

しかし、注意しなければならないのが、他の相続人に生命保険の存在を秘密にしようとしても、ばれてしまうケースもあるということです。故人の預金通帳の過去の履歴は、相続発生後であれば、他の相続人の同意を必要とせず、相続人が単独で取得することが可能です。その**通帳の履歴に、生命保険会社の名前と、保険料の振込が残っていれば、故人が生命保険をかけていたことがわかります。**そして、その保険会社に、故人が加入していた生命保険の開示請求をすれば、どのような生命保険契約だったかは、他の相続人も知ることができるのです。

相続税申告時の注意点

また、相続税の申告が必要になる方も気をつけなければいけません。相続税の申告書には、誰がどのくらいの生命保険金を受け取ったかを記載しなければいけない欄があります。相続税の申告書は、故人１人につき、相続人が連名で作成することが原則なので、生命保険金の内容は、すべての相続人に知れ渡ることになります。

遺言書の代わりとして生命保険を活用しよう

「このお金は確実にあの子に残してあげたい」という気持ちがあれば、それを遺言書で実現させるのも良いですが、生命保険で実現させてあげるのもオススメです。遺言書の場合は、相続人全員がその内容を知ることになりますし、遺留分の問題もあります。

一方で、生命保険であれば、その存在を他の相続人には知らせないという選択肢もあり、遺留分の問題も原則としてありません。

生命保険のデメリットは？

ただ、生命保険の活用にはデメリットも存在します。まず、**「財産の流動性を失う」**という点です。保険料として支払った預金は、保険を解約するか、その方が亡くなってしまうまで使うことはできません。ご存じの通り、保険を途中で解約すれば、払った保険料よりも目減りしてしまう可能性もあります。

いざというときのために**「契約者貸付」**という制度があります。これは、支払った保険料を限度に、保険会社からお金を借りることができる制度です。当然、金利が発生するものなので、できれば避けたいところです。

このように生命保険として払い込みをすると、いざ、そのお金を使いたいというときに、なかなか使うことができなくなってしまいます。基本的には、**「このお金は死ぬまで使わないだろう」と思える金額の範囲内で検討するのがよいでしょう。**

\ぶっちゃけ/

43 故人がiDeCoに加入していたら？ 死亡一時金を受け取りましょう

iDeCo（個人型確定拠出年金）に積み立てをしていた方が、60歳未満で年金を受け取る前に亡くなった場合には、遺族が「死亡一時金」として、それまで運用してきたお金を受け取ることができます。

死亡一時金を受け取ることができる遺族は、①受取人として指定されている者、②配偶者（事実上婚姻関係と同様の事情にあった者〈内縁関係〉を含む）、③子、父母、孫、祖父母および兄弟姉妹のうち、死亡した者の収入により生計を維持されていた者、④それ以外の者で、死亡した者の収入により生計を維持されていた者、⑤生計を維持されていた人がいない場合には、（1）子、（2）父母、（3）孫、（4）祖父母および兄弟姉妹の順番になります。トラブルを回避するためにも受取人の指定をしておきましょう。

5年以内に手続しないと、国庫に入ってしまう

死亡一時金は、死亡してから5年以内に請求しないと、国庫に帰属してしまい、受け取ることができなくなるので、注意しましょう。

また、死亡一時金は「みなし相続財産」として相続税の対象になりますが、**死亡退職金の非課税枠という制度により、法定相続人×500万円までは非課税**となります。

お勤め先から死亡退職金が支給される場合は、死亡退職金とiDeCoの死亡一時金を合算して非課税限度額に収まるかを判定することになります。なお、この制度は生命保険金の非課税枠と似ていますが、別の制度です。生命保険の非課税枠と、退職金の非課税枠は、両方使うことが可能です。

ぶっちゃけ

44 遺骨や仏壇は誰のもの？内縁の妻が承継することも？

これまでお伝えしてきた通り、故人の遺産は、遺言書か遺産分割協議で相続する人を決めていきます。ただし、例外があります。それがこれから紹介する遺骨や仏壇、お墓などについてです。

仏壇やお墓は「遺産」ではない

まず、仏壇や位牌、お墓などは、そもそも故人の遺産という位置づけではなく、祭祀財産《さいしざいさん》という、先祖を祭るための特別な財産となります。祭祀財産は他の遺産と異なり、祭祀主宰者《さいししゅさいしゃ》となった人が承継します。通常、祭祀主宰者は相続人の１人が選ばれることが一般的ですが、故人との関係性の深さから、内縁の妻などの相続人でない人が選ばれることもあります。

祭祀主宰者の優先順位

祭祀主宰者の決め方の優先順位は、①故人が遺言や口頭により指定していた人がいる場合には、その指定された人、②故人の住んでいた地域の慣習がある場合には、その慣習で定められた人、③家庭裁判所の決定に従う、という順番になります。

なお、①の故人から指定がない場合には、**相続人全員の同意があれば、親族や友人でも祭祀主宰者にすることが可能**です。

祭祀主宰者について、相続人である長男と長女の間で争った過去の裁判では、次のような判決が出ています。

“祖先の祭祀は今日《こんにち》もはや義務ではなく、死者に対する慕情、愛情、感謝の気持ちといった心情により行われるものであるから、被相続人

と緊密な生活関係・親和関係にあって、被相続人に対し上記のような心情を最も強く持ち、他方、被相続人から見れば、同人が生存していたのであれば、おそらく指定したであろう者をその承継者と定めるのが相当である。”

このように、故人がもし生きていたら指定されていたと思われる人を、祭祀主宰者とするべきと判断されています。

祭祀財産と同じように、遺骨についても祭祀主宰者が承継することが原則とされていますが、遺骨の承継について争いが生じた場合には、分骨（遺骨を分ける）というのも１つの手です。分骨には、分骨証明書を役所で取得する必要がありますので、その点は注意しましょう。

相続放棄しても承継できる

なお、相続放棄をしたら遺骨やお墓も承継できないかというと、そうではありません。先ほどお伝えした通り、遺骨やお墓は、そもそも遺産ではないので相続放棄の対象外です。そのため、祭祀主宰者となった人が承継することが可能です。

お墓は売れません

ちなみに、お墓は承継したとしても原則として売却することはできません。墓地の所有権は個人にはなく、あくまで霊園から借りているものだからです。

コラム4

友人知人に相談するのはやめましょう

相続が発生すると、自称、相続に詳しい友人や知人が、相続にまつわるアドバイスをしてくることがあります。特に学生時代に法学部に所属していた人や、金融機関などにお勤めで、ある程度、相続の知識のある人がやりがちです。ご本人たちは、人助けのつもりでされているのだと思うのですが、専門家の私からすると「生半可の知識でアドバイスすると、余計にトラブルのもとになるので、控えてほしい」と思ってしまいます。

信用してはいけないアドバイス

例えば、実際によくある間違えたアドバイスの代表格として、「遺産は法定相続分通りに分けなくてはいけない」と、法定相続分通りの分け方を強く勧めるケース。前述した通り、遺産の分け方は相続人全員の同意があれば自由に分けることができます。法定相続分はあくまで目安として国が定めているもので、必ずその分け方にしなければいけない、ということではありません。

他にも困るのは、「私たちのときはこうやったけど、問題なく進んだ」という、たまたまうまくいった実体験を、あたかも正しいやり方のように伝えるアドバイスです。

代表的な例でいえば、「相続発生後、銀行にその旨を伝えずにＡＴＭから残高０円になるまで引き出し、そのお金を相続人で分け合い、結果的に問題なかった」というような内容です。確かにこのようにして問題にならないケースもありますが、それは偶然その人たちがうまくいっただけのことであって、これから手続をする方までうまくいくかはわかりません。

世の中には、相続後に他の相続人に無断でお金を引き出したために、そ

のお金の着服を疑われ、相続人同士で争いに発展してしまったケースや、相続発生後にお金を使ったため相続放棄ができなくなり、多額の借金を相続しなければならなくなったケースなど、さまざまなトラブルに巻き込まれてしまった人が大勢います。

なぜ国家資格があるのか？

法律や税金のアドバイスをするためには、弁護士や司法書士、税理士といった国家資格が必要です。なぜ、国家資格が必要なのかと言うと、誤ったアドバイスをすると、余計にトラブルが増え、取り返しのつかない事態になる可能性があるからです。医学に詳しいからといって、医師免許のない人に診察や手術を任せてはいけないのと同じなのです。

これから葬儀や法事等で、多くの方とお会いすると思いますが、専門家でない人から受けたアドバイスは、話半分に聞きましょう。ぶっちゃけ、アドバイスの８割方は間違っている可能性があります。正しい知識を身につけ、自分の身は自分で守るという姿勢が大切です。

コラム５

相続人の配偶者の口出しは争いのもと

遺産分割協議の際に気をつけたいのが、相続人の配偶者の存在です。遺産分割の場面で常に意識しなければいけないことは、利《り》益《えき》相《そう》反《はん》の関係です。一方の相続人が多く相続すれば、もう一方の相続人の取り分は減ります。こういった関係のことを利益相反といいます。

よくあるトラブル事例

例えば、母の相続に際して、相続人は長男Ａと長女Ｂの２人（父は既に他界）。遺産分割協議の場に、長男Ａは妻を連れてきました。一方、長女Ｂは「遺産分けの話し合いに、当事者じゃない人を連れていくべきではない」と考え夫を連れていきませんでした。長女Ｂは妻を同席させた長男Ａに不信感を抱きながらも、面と向かって「こんな場に妻を連れてくるなんておかしい」とは言えず、話し合いを始めることに。

話し合いを始めると長男Ａは言います。「Ｂは生前、母から資金援助を受けていたと聞いたぞ。その分、この相続では私が多くの遺産を相続したい」

しかし、長女Ｂは生前に母から資金援助を受けた事実はありません。Ｂは言います。「え、ちょっと待って。私はそんな資金援助なんて受けてないわ。言い掛かりよ」

すると、長男Ａの妻が口を出します。「お義母さんが資金援助をしたって話は私も聞いたわよ」そして、長男Ａも「うん。私も聞いた。２人も聞いた人がいるのだから、それは事実だろ！」と長女Ｂにまくしたてます。長女Ｂは２人から強く言われ、恐怖を感じ反論することができませんでした。

その日の遺産分割協議が終わり、長女Ｂは帰宅後、２人から事実とは異なることを高圧的に言われ反論できなかったことを夫に話しました。その話を聞いてBの夫は怒ります。長男Aに「相続人同士の話し合いに配偶者を連れてくることがおかしい」「2人対1人の話し合いでは、思ったことが言えないのは当然だ」と抗議の電話を入れました。

このように、相続人の配偶者を遺産分割協議の場に連れてくると、その場にいる人数が多くなり、自然と大人数の意見が強くなりがちです（日本特有の同調圧力があるかもしれません)。さらに、先ほどの友人からのアドバイスと同じように、相続人の配偶者が誤ったアドバイスをして、遺産分割協議を荒らしてしまうことも多々あります。

相続人の配偶者には、①自分は相続の当事者ではないこと、②他の相続人と利益相反の関係にあるため中立の意見は言えないこと、③利益相反の関係のある人は安易に口出しをしないこと、をしっかりと知っておいてもらわなければなりません。

第4章

名義変更の手続

第４章の主な内容

☐ あらゆる手続に大活躍！ 法定相続情報一覧図とは？

☐ 銀行の預金口座の凍結解除と解約手続のポイントとは？

☐ 自分でできる！ 不動産の名義変更の流れと注意点は？

☐ 相続登記が義務化！ ペナルティを避けるためにすべきこととは？

☐「山林を手放したい」土地の国有化制度の活用ポイントは？

ぶっちゃけ

45 相続手続に戸籍は必須！取得方法とタイミングは？

さまざまな相続手続の場面で、戸籍は必ず必要となります。戸籍収集にあたり、１つの選択肢として専門家（司法書士等）に依頼して代理で収集してもらう方法もありますが、ここでは自分で戸籍一式を揃える方法を解説します。

戸籍とは何か？

日本における戸籍制度は出生から死亡までの身分関係（親族関係、出生、結婚、死亡など）を証明するためにあります。戸籍は本籍地の市区町村役場などに保管され、「本籍」と「筆頭者《ひっとうしゃ》」を一括《ひとくく》りにして管理されています。そのため、**戸籍を取得する際は本籍地の役場に行き（郵送でも可能）、「本籍」と「筆頭者」を伝える必要があります。**「筆頭者」とは戸籍の一番初めに書かれている人のことをいい、住民票の世帯主とは異なり、筆頭者が亡くなっても、筆頭者は故人のまま変わりません。夫婦の場合、結婚により氏を改めなかった人が筆頭者になります。

謄本？ 抄本？ 迷ったら謄本を取っておく

戸籍には、謄本《とうほん》と抄本《しょうほん》の２種類があります。謄本は、同じ戸籍にいるすべての人の情報が記載され、抄本は戸籍にいる特定の１人の情報のみが記載されます。コンピューター化後の戸籍では、謄本を全部事項証明、抄本を個人事項証明といいます。**どちらを取るべきか悩んだときは、戸籍謄本を取っておけば困ることはありません。**

相続手続の際は、あらゆる場面で戸籍の原本を提出するよう求められます。複数の手続を同時並行で進める場合には、あらかじめ複数セット取得しておくと便利でしょう。ただ、基本的には、提出先でコピーが済めば、その日のうちに返却してくれますので、1セットを使いまわすことも可能です。

相続手続にあたり必要な戸籍

①故人の出生から死亡までの連続した戸籍一式

主に故人の相続人（子供）を確認するために使用します。

②相続人の現在戸籍

故人との親子関係を確認し、相続発生時点で生存していることを確認するために使用します。

戸籍の種類

戸籍は以下の3種類に区分されます。

①現在戸籍（謄本・抄本）

名前の通り、現在使われている戸籍です。現在戸籍の中には必ず1人以上は在籍しています。

②除籍（謄本・抄本）

婚姻や死亡により戸籍に誰も在籍しなくなったため、閉鎖された戸籍をいいます。現在誰も在籍していませんが、故人が最後にいた戸籍を確認するために必要になることがあります。

③改製原戸籍（謄本・抄本）

戸籍法の改正により、戸籍のフォーマットが何度か変更されました。変更前の戸籍のことを「改製原戸籍」といいます。読み方は、「はらこせき」または「げんこせき」で、両方とも正しい読み方とされてい

現在戸籍、除籍、改製原戸籍の違い

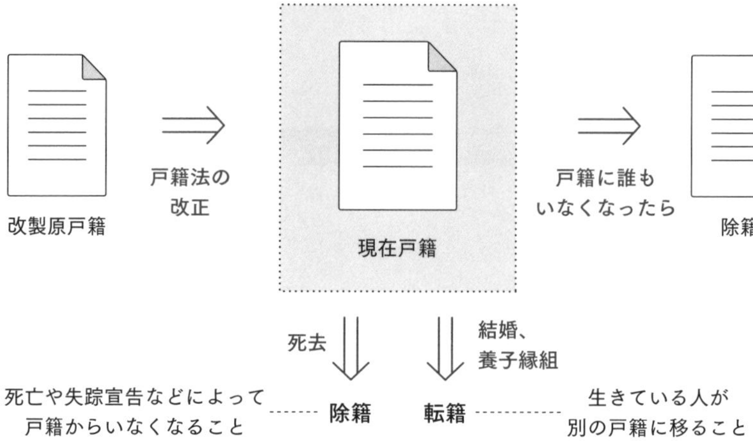

ます。ただ、「げんこせき」というと、現在の戸籍と混同する人がいるため、あえて「はらこせき」を使う人が多いです。

戸籍取得のタイミング

本籍地に死亡届を提出してから、約１週間～２週間で死亡の記載が戸籍に反映されます。**戸籍取得のタイミングが早すぎると、せっかく戸籍を取得したのに、死亡の記載が反映されていないため取り直しになってしまうことがあります。**そういったことのないよう、戸籍取得のタイミングは亡くなってから２週間ほど待ってからのほうがよいかもしれません。

なお、相続開始以前に取得した古い戸籍（改製原戸籍や除籍）がある場合には、相続開始後に再取得する必要はありません。これらの戸籍は、将来にわたり内容が変更される可能性がないからです。たとえ、養子縁組等があったとしても変わるのは現在戸籍のみで、除籍や改製原戸籍が変わることはありません。

戸籍謄本の見本

全部事項証明

本　籍 氏　名	○○県○○市○○町○番地 円満太郎
戸籍事項 戸籍改製	【改製日】平成○年○月○日 【改製事由】○○○○○○○○○○○○○
戸籍に記録されている者 除籍	【名】太郎 【生年月日】昭和○年○月○日　【配偶者区分】夫 【父】円満金吉 【母】円満松子 【続柄】長男
身分事項 出　生	【出生日】昭和○年○月○日 【出生地】○○県○○市 【届出日】昭和○年○月○日 【届出人】父
婚　姻	【婚姻日】昭和○年○月○日 【配偶者氏名】鈴木竹子 【従前戸籍】○○県○○市○○町○番地　円満金吉
死　亡	【死亡日】令和○年○月○日 【死亡時分】午後○時○分 【死亡地】○○県○○市 【届出日】令和○年○月○日 【届出人】親族　円満一郎

発行番号　○○○○○○○○
これは、戸籍に記録されている事項の全部を証明した書面である。

令和○年○月○日

○○県○○市長　○○○○　印

相続人の戸籍取得のポイント

配偶者は故人と同一の戸籍に入っているため個別に取得する必要はありません。子供は本籍地でご自身の戸籍を取得しましょう。

親族による戸籍の代理取得は、直系親族であれば委任状なしで行えます。例えば、結婚して別の戸籍となっている子の戸籍謄本を、母が取得する場合は、委任状なしで取得することが可能です。一方で、**兄弟姉妹は直系ではないため、代理取得するためには委任状が必要**になります。兄弟仲が悪いと、戸籍を集めるのも一苦労です。

遺言書がある場合

故人が遺言書を残していた場合には、さまざまな手続の場面で、故人の出生から死亡までの戸籍謄本と、遺産を相続する相続人（または受遺者）の現在戸籍のみで手続を進めることができます（一部例外あり）。**相続人全員の現在戸籍をそろえる必要がないため、相続人同士の関係性が良くない場合には、ストレスを大きく軽減させることができます。**ただし、自筆証書遺言の検認手続が必要になる場合には、相続人全員の現在戸籍が必要になります。

故人の戸籍（出生～死亡まで）の取得方法

まずは、死亡の記載がある最新の戸籍を本籍地のある役所で取得します。その際、**「出生から死亡までの戸籍を揃えたいので、この役所で取れるすべての戸籍をください」と窓口の人に伝えましょう。**故人が、出生から死亡まで一度も本籍地を変えていなければ、その役所で戸籍を揃えることが可能です。

故人が結婚などで本籍地を移している場合には、その役所で取得できた最も古い戸籍を読み込みましょう。**戸籍には、必ず、その本籍地に移る１つ前の本籍地が記載されていますので、１つ前の本籍地が確認できます。**もし、読み込んでもわからない場合には、窓口の人に

故人の戸籍の集め方

スタート

故人が亡くなった最後の本籍地で
現在戸籍を取る

⇓ 異動があれば、前の本籍地へ

前の本籍地で現在戸籍 or 除籍
or 改製原戸籍を取る

⇓ 故人の出生まで遡る

ゴール

故人の出生から死亡までの
すべての戸籍を取得

改製原戸籍の見本

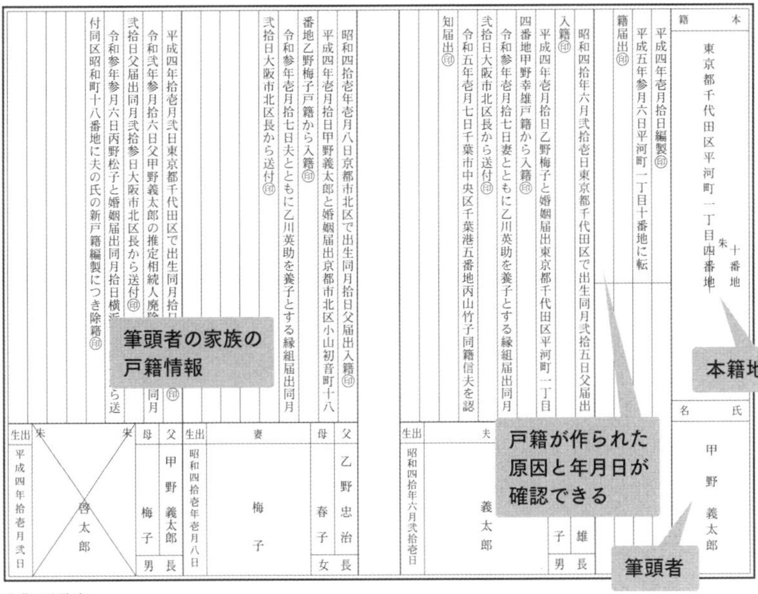
本籍 東京都千代田区平河町一丁目四番地 朱 十番地
名 氏 甲野義太郎
平成四年壱月拾日編製㊞
平成五年参月六日平河町一丁目十番地に転
籍届出㊞
昭和四拾年六月弐拾壱日東京都千代田区で出生同月弐拾五日父届出
入籍㊞
平成四年壱月拾日乙野梅子と婚姻届出東京都千代田区平河町一丁目
四番地甲野幸雄戸籍から入籍㊞
令和参年壱月拾七日妻とともに乙川英助を養子とする縁組届出同月
弐拾日大阪市北区長から送付㊞
令和五年壱月七日千葉市中央区千葉港五番地丙山竹子同籍信夫を認
知届出㊞
父 雄 母 子 長男
夫 義太郎
生出 昭和四拾年六月弐拾壱日
昭和四拾壱年壱月八日京都市北区で出生同月拾日父届出入籍㊞
平成四年壱月拾日甲野義太郎と婚姻届出京都市北区小山初音町十八
番地乙野梅子戸籍から入籍㊞
令和参年壱月拾七日夫とともに乙川英助を養子とする縁組届出同月
弐拾日大阪市北区長から送付㊞
父 乙野忠治 母 春子 長女
妻 梅子
生出 昭和四拾壱年壱月八日
平成四年拾壱月弐日東京都千代田区で出生同月拾日
令和弐年参月拾六日父甲野義太郎の推定相続人廃除 同月
弐拾日父届出同月弐拾参日大阪市北区長から送付㊞
令和参年参月六日丙野松子と婚姻届出同月拾日横浜 ら送
付同区昭和町十八番地に夫の氏の新戸籍編製につき除籍㊞
父 甲野義太郎 母 梅子 長男
朱 啓太郎 朱
生出 平成四年拾壱月弐日

出典：法務省

「次はどこの役所で手続をすればいいですか？」と聞いてみましょう。親切に教えてくれるはずです。

１つ前の本籍地が確認できれば、次はその本籍地を管轄する役所に行き（もしくは郵送で）、「この戸籍より過去の戸籍を取得したい」と伝えれば、戸籍の続きを発行してもらえます。この作業を繰り返していけば、最終的に故人の出生から死亡までの戸籍を揃えることができます。また、**戸籍取得の際には、本人確認書類（免許証等）の提示を求められますので、忘れないように持参**しましょう。

なお、故人の最後の本籍地がわからない場合は、本籍地の記載入りの住民票を取得することで本籍地を確認することができます。

郵送による請求方法

遠方の役所に足を運ぶのが難しい場合には、郵送で戸籍を請求しましょう。申請書は当該役所のホームページからダウンロード可能です。手数料は定額小為替を同封するか、現金書留により納付します。また、本人確認書類（免許証等）のコピーと切手つきの返信用封筒を忘れずに同封しましょう。

戸籍取得に必要な費用

●除籍謄本、改製原戸籍謄本：１通750円

●戸籍謄本：１通450円

※市区町村によって異なる場合があります。

戸籍の取得は市役所？　区役所？

東京23区に本籍地がある場合には、区役所で戸籍を取得します。横浜市や大阪市などの政令指定都市においては、市役所でのみ取得できる場合や、区役所のみで取得できる場合、郵送事務センターでのみ取得できる場合など、さまざまですので、必ず事前に確認しましょう。

\ぶっちゃけ/

46 あらゆる手続に大活躍！ 法定相続情報一覧図を取得！

故人の戸籍一式（出生〜死亡）と相続人全員の現在戸籍を取得した後に、相続手続に必要な部分だけを抜粋した「法定相続情報一覧図」を作成します。

この法定相続情報一覧図は、**ありとあらゆる名義変更や、相続税申告の添付書類として使えるためとても便利**です。取得方法を解説します。

①収集した戸籍情報をもとに「法定相続情報一覧図」を作成する

法務局のサイトより「法定相続情報一覧図」のひな型が取得できますので、それをもとに「法定相続情報一覧図」を作成します。

【法定相続情報一覧図のひな型のダウンロードページ】

http://houmukyoku.moj.go.jp/homu/page7_000015.html

相続人の「住所」については記載が任意になっていますが、**不動産の相続登記などで使用する場合には「住所」が必要**です。

相続人の住所を記載する場合には住民票（本籍地、マイナンバーの記載は任意。マイナンバーはないほうが望ましい）を取得しておく必要があります。なお、故人の住所を証明するために「住民票の除票」という書類が必要になりますので、市区町村の役所で取得しましょう。

②申出書を記入する

下記法務局サイトの「STEP 3」より申出書をダウンロードし、記載例を参考に必要事項を記入してください。

http://houmukyoku.moj.go.jp/homu/page7_000014.html

③「法定相続情報一覧図」「戸籍一式」「申出書」を持参（郵送）する

以下の管轄法務局のいずれかを選んで、持参（郵送）します。

（1）故人の本籍地（死亡時の本籍を指します）

（2）故人の最後の住所地

（3）申出人の住所地

（4）故人名義の不動産の所在地

オススメは法務局に事前に電話して、法定相続情報一覧図の作成相談の予約をして、準備した書類を持参することです。法務局に持参（申出）してから1週間程度（混雑状況により変動します）で交付されます。※交付手数料は無料、枚数も複数枚の発行が可能です。

法定相続情報一覧図のイメージ

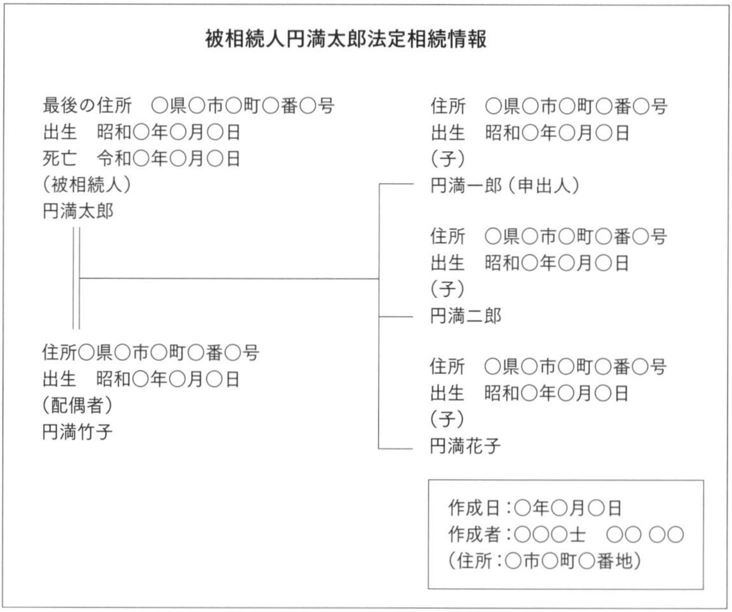

法定相続情報一覧図作成の必要書類

必ず用意する書類

書類名	書類の取得先
① 故人の戸除籍謄本	故人の本籍地の 市区町村役場
② 故人の住民票の除票	故人の最後の住所地の 市区町村役場
③ 相続人の戸籍謄抄本	各相続人の本籍地の 市区町村役場
④ 申出人の氏名・住所を確認できる公的書類 以下の書類のいずれか1つ ◆運転免許証の表裏両面のコピー ◆マイナンバーカードの表面のコピー ◆ 住民票記載事項証明書（住民票の写し）など ※上記以外の書類については、各登記所に確認 ※運転免許証とマイナンバーカードの場合は、原本と相違がない旨を記載し、申出人の氏名を記入	

必要となる場合がある書類

書類名	書類の取得先
法定相続情報一覧図に相続人の住所を記載する場合 ⑤ 各相続人の住民票記載事項証明書（住民票の写し）	各相続人の住所地の 市区町村役場
委任による代理人が手続をする場合 ⑥-1 委任状 ⑥-2（親族が代理する場合） 申出人と代理人が親族関係にあることがわかる戸籍謄本 ⑥-3（資格者代理人が代理する場合） 資格者代理人団体所定の身分証明書の写し等	⑥-2は市区町村役場
②の書類を取得できない場合 ⑦ 故人の 戸籍の附票 ※故人の住民票の除票が市区町村において廃棄されているなどして取得することができない場合は、故人の戸籍の附票を用意	故人の本籍地の 市区町村役場

\ぶっちゃけ/

47 銀行預金口座の凍結解除と解約手続

銀行預金口座の凍結を解除するには、相続人全員の同意が必要です。凍結を解除するためには、原則として、その**銀行の預金を誰が相続するかが決まっている必要があります。**その証明として、遺言書がある場合には遺言書を、遺言書がない場合には遺産分割協議書を、銀行に提出しなければなりません。必要になる書類は以下の通りです。

遺産分割協議書がある場合（三菱 UFJ 銀行の場合）

①相続届（銀行の所定用紙）…相続人の署名と実印による押印が必要
②遺産分割協議書
③相続人の確認ができる戸籍謄本
④法定相続人全員の印鑑証明書（発行日より６か月以内のもの）
⑤通帳・キャッシュカード等（紛失している場合は窓口で相談）

遺言書がある場合（三菱 UFJ 銀行の場合）

①相続届（銀行の所定用紙）…相続人の署名と実印による押印が必要
②遺言書…検認が必要になる自筆証書遺言の場合には、検認済証明書も必要
③相続人の確認ができる戸籍謄本
④遺言により預金を継承する人の印鑑証明書（発行日より６か月以内のもの）
⑤通帳・キャッシュカード等（紛失している場合は窓口で相談）
※遺言執行者がいる場合は必要書類が異なるため直接ご確認ください。
※遺言書に記載されている銀行名称が変わっている場合でも、相続時点の口座が特定できる場合には、解約手続は可能です。

遺言書がある場合とない場合で大きく異なるのは、遺言書がある場合は、その預金を相続する人の印鑑証明書だけで足りる点です。相続争いが起きた場合、お互いの印鑑証明書を渡すことすら難しくなってしまうケースもありますので、やはり遺言書があるとスムーズですね。

遺産分けが長引きそうなら、相続人代表口座に仮の移管をする

遺産分割協議が長期化しそうな場合等には、**凍結を解除するための手続を行い、いったん相続人代表口座に預金を移すことも可能**です。遺産分割協議が決まったら、その口座から各相続人に振込をします。この手続を行う場合には、故人の戸籍謄本（出生から死亡）、相続人全員の戸籍謄本、署名と押印（実印）、そして印鑑証明書が必要になります。この手続には、遺言書も遺産分割協議書も必要ありません。

手続は最寄りの支店で可能

口座の解約手続等は、基本的に同じ銀行であれば、口座のある支店ではなく、どこの支店でも行えます。また、窓口で行う手続は、相続人代表者１人でも行えますが、提出する書類には、相続人全員の署名や印鑑証明書が必要になるので、事前に確認してから訪問しましょう。

残高証明書・入出金明細の取得

相続税の申告が必要になる方であれば、相続発生日における預金の残高証明書や、過去の取引履歴を明らかにする入出金明細の取得が必要になります。これらの書類は、解約手続と異なり、**相続人の１人が単独で請求することが可能なので、他の相続人の同意（印鑑証明書）などは必要ありません。** 必要書類は、①故人の戸籍謄本、②請求をする方の戸籍謄本（抄本でもOK）、③請求する方の印鑑証明書です。

なお、取得の際に、名義人が亡くなったことを伝えれば、その時点から口座は凍結されますので注意しましょう。

相続届の記入例（三菱 UFJ 銀行）

株式会社 三菱UFJ銀行 御中

相 続 届（1）

（全部払戻用）

店番·店名	
CIF番号	
原本保管店番·店名	
CIF番号	

お届出日（和暦） ○○ 年○○月○○日

過日亡くなりました下記被相続人の、貴行との取引における相続手続きについては、本届の通りお取扱いください。
なお、他に遺言書·遺産分割協議がないことを確認します。本件に関し、私ども以外の者が、本届に記載の取引預金等につき相続権を主張したり、権利を主張するようなことがあり、貴行に損害が生じることがあっても、貴行に責めがある場合を除き、私どもが連帯して引受け、貴行にはいっさい迷惑·損害をかけません。
喪失のため提出できない下記記載の通帳·証書等は、今後無効であることはもちろん、万一発見した場合は直ちに貴行へ返却いたします。

1. 被相続人の方についてご記入ください（万一、当行届出のご名義と戸籍上のお名前が違う場合は両方ご記入ください）。

銀行お届出のおなまえ	円満太郎	被相続人のご住所 ○○県○○市○○町○番○号	
戸籍上のおなまえ		該当する方に✔印をお付けください。 □ 被相続人が最後にお住まいになられていたご住所 □ 当行へお届けのご住所	お亡くなりになった日 （和暦） ○○ 年○○月○○日

お取引店名	A	○○支店	B		C			※4カ店以上お取引店がある場合は、左欄に○を付け、相続届をもう1枚ご提出下さい。

※お取引店が複数ある場合、貸金庫·投資信託·債券·貸越金等のお取引のあるお取引店から順にご記入ください。

2. ご署名ご捺印をお願いします（必ず自署してください）。

相続人関係者（相続人·受遺者·遺言執行者等）

相続人代表者（相続人を代表して当行とお手続いただける方） おなまえ（フリガナ） エンマンイチロウ 円満一郎	ご住所 〒○○○－○○○○ ○○県○○市○○町○番○号 日中のご連絡先 お電話番号（○○○） ○○○○－○○○○	ご実印 円満
【外為法に基づく確認】相続人関係者の中に北朝鮮に在住されている方はいらっしゃいますか※ ☑いません □います		
上記以外の相続人		
おなまえ（フリガナ） エンマンジロウ 円満二郎	ご住所 〒○○○－○○○○ ○○県○○市○○町○番○号 お電話番号（○○○） ○○○○－○○○○	ご実印 円満
おなまえ（フリガナ）	ご住所 〒 － お電話番号（ ） －	ご実印
おなまえ（フリガナ）	ご住所 〒 － お電話番号（ ） －	ご実印
おなまえ（フリガナ）	ご住所 〒 － お電話番号（ ） －	ご実印
おなまえ（フリガナ）	ご住所 〒 － お電話番号（ ） －	ご実印
おなまえ（フリガナ）	ご住所 〒 － お電話番号（ ） －	ご実印
おなまえ（フリガナ）	ご住所 〒 － お電話番号（ ） －	ご実印
おなまえ（フリガナ）	ご住所 〒 － お電話番号（ ） －	ご実印

※本書式へ記載されていない方も含め、ご申告ください。相続人関係者に北朝鮮に在住されている方がいらっしゃる場合は、追加で確認をさせていただくことがございます。

＼ぶっちゃけ／

48 ネットバンクの相続手続 ——パスワードがわからなくても大丈夫

最近では、ネットバンクやネット証券で資産管理をしている人も多いと思います。私も相続税申告をする際に、通帳がなくすべてネット上で完結されている預金を扱うことも増えてきました。そこで「ネットバンクや仮想通貨などが相続財産にある場合の注意点」をお話しします。何といっても**最悪の事態は、「財産自体が発見されない」こと**です。インターネットで預金や有価証券を管理するネットバンクや、ネット証券の場合、自宅へ郵送物が送られてくることは基本的にありません。財産の迷宮入りを防ぐための方法をご紹介します。

ネット系財産をお持ちの方

①遺言書に記載する

②家族にネット系の財産の存在を伝える

IDやパスワードを含め、金融機関の名前・支店名・連絡先となる電話番号などをリスト化し、家族へ共有しておくことをオススメします。

相続人がネット系財産を見つける方法

①ネットバンクやネット証券との間の入出金がないかを確認

預金通帳の過去の履歴を調べて、ネットバンクやネット証券との間に入出金がないかを確認しましょう。

②故人のメール履歴をチェック

ネットバンクやネット証券に口座があると、それらの金融機関からメールマガジンなどのメールが届いていることが多いです。

③主要なネットバンク・ネット証券へ手あたり次第問い合わせる

かなりのエネルギーがかかるので、できれば避けたいところですが、この方法で預金を発見された方も多くいらっしゃいます。

パスワードがわからないときは？

最近「故人のネットバンクのパスワードがわからず、預金を引き出すことができない」という相談をよく受けます。近年、電子決済が世の中に浸透してきましたが、歴史が浅いためか、パスワードがわからない場合は、預けたお金を引き出すことができなくなる事態が起きています。

実店舗のある銀行や証券会社では、窓口で、相続人であることを証明すれば、パスワードがわからなくても相続手続を進めることが可能です。**インターネット専業銀行であっても法定相続人であることを証明できれば、問題なく手続を進めることができます。**実際の相続手続で必要になる書類や手順は、156ページで解説した銀行の解約手続と同じです。

＼ぶっちゃけ／

49 相続開始時点と遺産分配時点の差額はどうすればいい？

一般的に、故人が亡くなったときの残高と、実際に遺産分割協議が整い、遺産を分配するときの残高には、多少ずれが生じます。葬儀費用やクレジットカードの未払い分、固定資産税などの費用が相続開始後に引き落とされるため、残高が減少することもあれば、家賃収入や株式の配当収入がある人であれば、残高が増加することもあります。

民法的には、**相続開始時点から遺産分割協議が整うまでの期間に対応する収入や費用は、法定相続人に法定相続分で帰属する**こととされています。ただ、実務上は、相続人の同意があれば、その収入や費用を特定の方が引き継いでも問題はありません。

相続税の計算は「相続開始日」基準

なお、相続税の計算は、あくまで相続開始日における財産額で計算しますので、相続開始日後に生じた収入や費用は、関係ありません。

亡くなった日における残高を基準に遺産分けを決めた場合、いざ、実際に分配をしようとする際に「あれ？みんなで決めた金額よりも少ないぞ？どうやって分けるんだ？」とお困りになる方が多いのです。

この問題をクリアするためには、**相続開始後に生じた収入や費用を誰が引き継ぐのかを明確にしたうえで、できる限りシンプルでわかりやすいお金の流れを作ることが大切**です。

具体的には、相続人の代表者が空《から》の口座を用意し、その口座に故人のお金を集約し、そこから次の通り調整した金額を各相続人に振り込む方法がオススメです。

ケース①　相続後に発生した費用は、相続人が相続する割合に応じて負担

相続口座にすべて集約後、預金を相続する割合で分配します。

（前提）　相続開始時預金残高5000万円

遺産分割協議で決めた相続額　Ａ：2500万円　Ｂ：2500万円

相続後に生じた費用200万円（ＡとＢが預金を相続する割合で負担）

遺産分割時に実際にある残高4800万円

分配額：4800万円÷5000万円×2500万円＝2400万円

ケース②　相続後に発生した費用は、特定の相続人が負担

相続口座にすべて集約後、費用を負担しない相続人には遺産分割協議書に記載された金額を分配し、費用を負担する相続人に残額を分配します。

相続発生後に生じた費用200万円（Ａが全額負担）

Ｂ分配額：2500万円

Ａ分配額：4800万円－2500万円＝2300万円

ケース③　相続後に発生した費用は、複数の相続人が特定の割合で負担

相続口座にすべて集約後、遺産分割協議で決めた相続する金額から、各人が負担する費用を控除した金額で分配します。

相続発生後に生じた費用200万円（Ａが150万円、Ｂが50万円負担）

Ａ分配額：2500万円－150万円＝2350万円

Ｂ分配額：2500万円－50万円＝2450万円

上記①～③の手続の際は、１人の口座に預金を集約する都合上、「預金はその代表者の口座に集約し、他の相続人に所定の金銭を支払う」という文言を遺産分割協議書に記載します。

葬儀代を遺産から払ったら？

また、「葬儀代は遺産の中から支払う」という取り決めになることが多いですが、これは「預金を相続した割合で、その相続人が葬儀代を負担する」と同じ意味になります。

例えば、相続発生時点で1000万円の預金があり、そこから200万円の葬儀代を払ったとします。そして残りの800万円のうち、長男が600万円、次男が200万円を相続したとします。この場合、「1000万円の預金を長男が750万円、次男が250万円相続し、葬儀代200万円を長男が150万円、次男が50万円負担した」と考えることになります。**「葬儀代は遺産の中から支払う」というのは、実質的に「葬儀代は預金を相続した人が負担する」のと同じ**です。平等性を重視する遺産分割の場合は、この論点も忘れないようにしましょう。

ちなみに、相続税を計算する際に、葬儀費用は財産額からマイナスすることができるので、相続税の対象は長男が600万円、次男が200万円となります。

【参考】相続税の計算から控除することができる葬儀費用

控除可能なもの

葬儀費用、火葬費用、納骨費用、お通夜にかかった費用、戒名料、読経料、タクシー費用、花代、お車代、心付（領収書のないものはメモ書きでも可）など

控除不可のもの

初七日、四十九日にかかった費用、位牌代、墓地・仏壇・祭具の購入費用、香典返し、文字彫り代金など
※香典は所得税も贈与税も非課税とされる収入と位置づけられているため、それに対応する香典返しは控除の対象外とされています。

ぶっちゃけ

50 証券会社の相続手続 ——株式移管のポイント

故人の株式や投資信託を、相続人の口座へ移す手続を「移管《いかん》」といいます。**一般的に移管の際、相続人もその証券会社に口座を開設することを求められます。**移管を完了させるまでに必要な平均日数は、相続人の口座開設に１週間前後、移管手続に１週間～２週間、合計で２～３週間は必要となります。

売却を予定している場合には、故人の口座内で売却することはできないため、必ず相続人の口座へ移管してから、相続人名義で売却することが必要となります。先を見越して予定を立てていきましょう。移管に必要な書類は以下の通りです。

遺産分割協議の場合の必要書類

①故人の戸籍（出生～死亡）　※法定相続情報一覧図で代用可
②相続人全員の現在戸籍　※法定相続情報一覧図で代用可
③遺産分割協議書
④相続人全員の印鑑証明書　※発行後６か月以内のもの

遺言書がある場合の必要書類

①故人の死亡が確認できる書類（戸籍、法定相続情報一覧図等）
②遺言書　※自筆証書遺言の場合は検認済証明書
③株式等を承継する人の印鑑証明書　※発行後６か月以内のもの

なお、遺言書がなく、遺産分割協議が決まる前であっても、相続人全員の同意があれば、相続人代表口座に移管可能です。この移管はあくまで仮の形なので、移管を受けた人が相続したことにはなりません。

異なる証券会社の相続人口座へ株式を移管することはできる？

故人はA証券会社で株式を所有していたが、相続人はB証券会社の口座しか持っていない、という場合、相続人はA証券会社の口座を開設しないといけないのでしょうか？

原則、A証券会社の口座を開設する必要があります。証券会社によって取り扱いは変わりますが、基本的には、同じ証券会社に相続人が口座を作ることが必要で、他の証券会社の相続人の口座への移管はできません。ただ、**野村證券の場合は、他の証券会社の相続人口座であっても、移管の対応をしている**そうです。手続前に確認してください。

他の証券会社の口座に移管すると、源泉徴収されない一般口座になることもある？

証券口座には、自動的に利益から所得税等を源泉徴収してもらえる「特定口座」と、源泉徴収されずに、投資家自身が1年間の売買損益を計算して確定申告をする必要のある「一般口座」の2種類があります。一般的には、管理が楽な特定口座を選ばれる方がほとんどです。

故人のC証券会社の特定口座から、相続人のD証券会社の特定口座へ株式を移管する方法も、原則的には、一度相続人がC証券の特定口座を開設し、故人の株式等の移管を済ませてから、ご自身のD証券の特定口座に移管する形となります。ただし、証券会社によっては直接、別の証券会社の特定口座に移管できる場合もあります。

なお、**株券電子化の際に証券会社に預け入れをしなかった株式や、従業員持株会で継続的に発行を受けていた株式等で、その株式を取得した価格が明確でないものは、特定口座に入れることはできません。**この場合は、源泉徴収されない一般口座に移管され、さらに268ページで解説する「5％ルール」が適用され、税負担が非常に重くなってしまうので、注意しましょう。

ぶっちゃけ

51 証券会社以外で保管されている株式に注意

故人が所有している株式の中には、証券会社の口座以外に保管されているケースがあります。具体的には、各銘柄の株主名簿を管理する株主名簿管理人（信託銀行）によって、自動的に作成された「特別口座」という口座で管理されている株式です。

※「特別口座」は、「特定口座」と似ていますが別物です。注意してください！

では、どういった株式が特別口座で管理されているのでしょうか？

株券の電子化前から持っている株式に注意！

上場会社の株式は、もともと紙の株券として存在していましたが、平成21年１月５日以降、紙の株券が廃止され、電子化されました。電子化の手続は、株主がそれまでも証券会社を通じて株取引をしていれば、証券会社を通じて「ほふり」（証券保管振替機構）に預託されているので、特に株主自身で預ける手続をする必要はありませんでした。

ところが、**電子化の際に株主が証券会社へ預けなかった株券（いわゆる「タンス株」）については、「ほふり」への預託が行われず、自動的に株主名簿管理人の特別口座で管理される**ようになったのです。

単元未満株式とは？

株式は銘柄ごとに、最低限まとめて売買しなければいけない株式数が決まっています。その最低単位のことを「１単元」と呼び、１単元未満の株式数の株式を「単元未満株式」といいます。例えば、トヨタ自動車の１単元は100株とされていますので、もし120株持っている

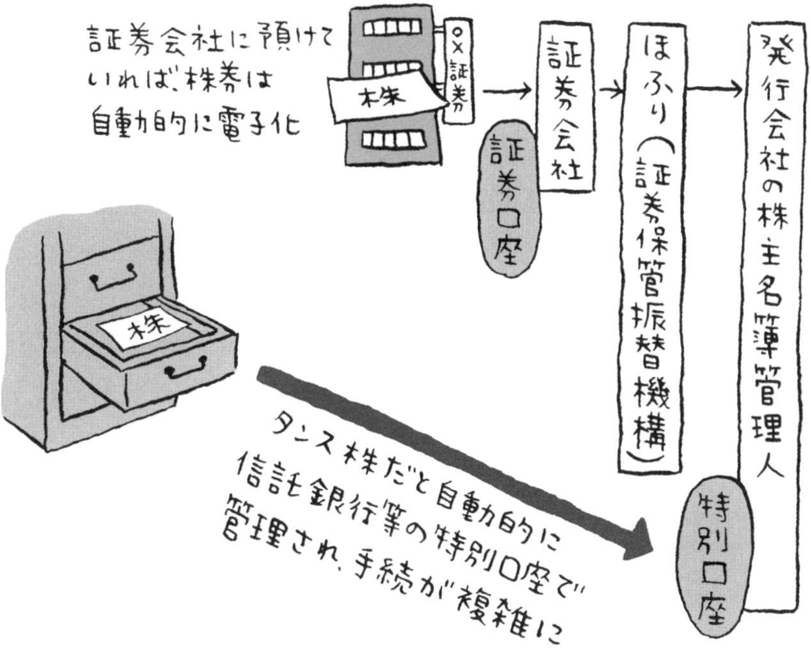

としたら、20株が単元未満株式となります。

発行会社が株式分割や会社の合併等を行った場合に、本人の知らないうちに1単元未満の株式を割り振られ、その単元未満株式は証券会社ではなく、株主名簿管理人の特別口座で保管されることになります。

この場合、**本人は証券会社の口座だけで運用しているつもりが、いつのまにか特別口座にも株式がある状態になってしまう**ことがあります。

相続人の知らぬ間に、特別口座に株式が残っていることはよくあります。そのため、証券会社が発行する残高証明書だけでは、故人の正確な所有株式数を把握できないため、株主名簿管理人である信託銀行証券代行部に「特別口座に株式が残っていないか」を確認する必要があります。

特別口座に株式がないかを確認するには？

特別口座に株式が残っているかどうかの確認だけであれば、電話口で、故人のお名前、ご住所、お亡くなりになった日等をお伝えすることで、教えてもらうことができます。

また、**配当金計算書に記載されている株式数は、単元未満株式まで含んだ正確な株式数**です。そのため、配当金計算書に記載されている株式数と、証券会社の残高証明書に記載されている株式数が一致していれば、特別口座に保管されている株式はない可能性が高いです（配当金の支払日と相続発生日までの期間に単元未満株式が発生することもあるので絶対ではありませんが）。

特別口座の株式の相続手続

故人の特別口座内にある株式の処分方法は主に次の２つです。

①相続人が引き取る

故人が残した株式が単元未満株式であったとしても、相続する人の証券口座に移管することが可能ですので、証券会社に相談してみましょう。

②そのときの時価で買い取ってもらう

特別口座は、配当金の受け取りや、議決権の行使をすることはできますが、売買を行うことはできない口座です。しかし、単元未満株式についてのみ、その発行会社に対して買い取りを請求することができます。なお、銘柄によっては、買取手数料がかかることもありますので、株主名簿管理人へ確認しましょう。買取金額は、株主名簿管理人が手続を完了した日の終値となります。

＼ぶっちゃけ／

52 自分でできる！不動産の名義変更（相続登記）

不動産の名義変更と聞くと、とても難しそうな印象をお持ちの方が多いと思いますが、手続は意外とシンプルです。

必要書類（共通）

●故人の戸籍（出生～死亡時）
●相続人の戸籍（現在）
●故人の住民票の除票（本籍地の記載あり）
●不動産を取得する方の住民票（本籍地あり、マイナンバーなし）
●固定資産評価証明書（申請する年度のもの）
●不動産の登記事項証明書

必要書類（遺言書がある場合）

●遺言書
※自筆証書遺言の場合は、検認済証明書も必要になります。
※公正証書遺言や法務局保管制度を利用した自筆証書遺言の場合には検認は不要です。
※公正証書遺言の場合は、正本もしくは謄本のどちらでも構いません。

必要書類（遺産分割協議時）

●遺産分割協議書
●各相続人の印鑑証明書（発行日の制約はありません）

それぞれ詳しく見ていきましょう。

故人、相続人の戸籍

詳しくは146ページをご確認ください。ちなみに、遺言書がある場合には、出生〜死亡までのものではなく、死亡時の戸籍のみでOKです。

故人の住民票の除票

住民票の除票（死亡などにより住民登録が抹消された故人の住民票）を取得することで、故人の死亡時の住所を確認できます。

登記名義人と同一人物であるか確認するため、登記上の住所と死亡時の住所が一致しているかが確認されます。まれに、住所が一致しない場合がありますが、その場合は、「戸籍の附票」を代わりに取得します。取得料金は、１通あたり300円かかります。なお、**取得の際、故人の本籍地の記載をお願いし忘れないようにしましょう。**

不動産を取得する方の住民票

不動産を取得する方の住所を確認するために必要です。２人の相続人が共有で２分の１ずつ取得するような場合には、２人分の住民票が必要になります。**こちらも本籍地の記載が必要になりますが、マイナンバーの記載は不要**です。取得料金は、１通あたり300円かかります。不動産を取得しない他の相続人は、住民票を取得する必要はありません。

固定資産評価証明書（申請する年度のもの）

登録免許税の計算の基となる「固定資産税評価額」を確認するために必要です。相続人が不動産を相続する場合には、「固定資産税評価額×0.4%」の登録免許税を納める必要があります。

固定資産評価証明書は、毎年４月１日に最新のものに更新されますので、手続を行うタイミングによっては、取得する年度が異なるので固定資産評価証明書は取得タイミングに注意!

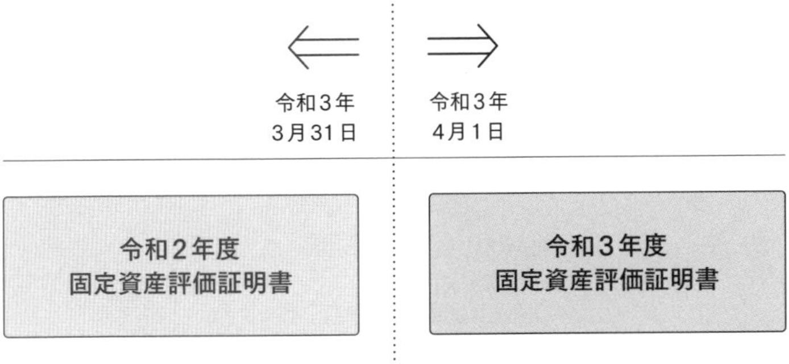

令和３年の3月31日までに登記申請をする場合は
「令和２年度」の固定資産評価証明書が必要

注意が必要です。例えば、令和３年４月１日以降に登記申請をする場合には「令和３年度の固定資産評価証明書」を使うことになり、令和３年の３月31日までに登記申請をする場合は、「令和２年度の固定資産評価証明書」を使うことになります。各都税事務所（東京23区内にある不動産の場合）、市町村役場（東京23区外にある不動産の場合）で１通あたり、400円程度で取得できます。

不動産の登記事項証明書

不動産の登記事項証明書により、現状、不動産がどのように登記してあるかを確認できます。登記申請書を作成する際、記載内容を確認するために使用します。法務局でしか取得できないわけではなく、**インターネットから取得することもできます。**下記「登記情報提供サービス」のリンク先から請求できます（平日21時以降と土日は使えません）。

【登記情報提供サービス】

https://www1.touki.or.jp

登記申請書の記入例

登　記　申　請　書

登記の目的　　所有権移転

原　　因　　令和　○年○月　○日相続

相　続　人　　（被相続人　円満太郎　）

（申請人）　○○県○○市○○町○番○号
持分2分の1　　　円満一郎　印

（申請人）　○○県○○市○○町○番○号
持分2分の1　　　円満二郎　印

連絡先の電話番号○○－○○○○－○○○○

添付情報
登記原因証明情報　住所証明情報

□登記識別情報の通知を希望しません。

令和　○年○月　○日申請　○○ 法 務 局

課税価格　金○○○○円

登録免許税　金○○○○円

不動産の表示
不動産番号　1234567890123
所　　在　○○県○○市○○町○番○号
地　　番　○○番
地　　目　宅地
地　　積　○○○○平方メートル

不動産番号　1234567890123
所　　在　○○県○○市○○町○番○号
家屋番号　○○番
種　　類　居宅
構　　造　木造かわらぶき2階建
床 面 積　1階　○○○○平方メートル
　　　　　2階　○○○○平方メートル

相続登記の申請書を作成する

申請書のひな型と記載方法が、法務局のホームページに掲載されていますので、不動産の登記事項証明書を確認しながら作成しましょう。

【法務局：不動産登記の申請書様式】

https://houmukyoku.moj.go.jp/homu/minji79.html

よくあるご質問

Q：申請に使った必要書類の原本は、法務局から返してもらえるのでしょうか？

A：申請時に、故人との関係性がわかる「相続関係説明図（153ページで解説した法定相続情報一覧図とは異なり、法務局の認証を受けていないもの）」を提出すれば、戸籍謄本などの原本を法務局から返却してもらえます。相続関係説明図を添付しない場合でも、法務局に対して「原本を返してほしい」と意思表示をし、コピーをするなどの一定手続を踏むと、登記完了後に原本を返してもらうことができます。

Q：相続登記を専門家に任せた場合の費用はどれくらいなのでしょうか？

A：相続登記をまるごと司法書士などの専門家へ依頼した場合には、**不動産１件につき５万円前後の費用がかかることが多い**です。ただし、既に戸籍の収集が終わっている場合や遺産分割協議書の作成ができている場合などには、１万円〜２万円ほど値引きをしてくれる場合もあります。

Q：遺言書があれば、申請は他の相続人と共同ではなく１人で行えるのでしょうか？

A：遺言書の書き方によって、単独申請できる場合とそうでない場合もあるので注意が必要です。具体的には、以下のような取り扱いになっています。

「不動産をＡに相続させる」→単独で申請できる

「不動産をＡに遺贈する」　→相続人全員が共同で申請しなければならない

Q：相続する人の代理として、登記申請をすることはできるのでしょうか？

A：報酬をもらって代理できるのは弁護士か司法書士に限られますが、無報酬で親族など近しい間柄の人の代理をする場合は、弁護士等の資格は不要です。代理申請の際は、本人からの委任状が必要になります。**本人の同意なく、勝手に委任状を作るのは、犯罪行為**になりますので絶対にやめましょう。

Q：不動産の権利証を紛失しました。登記申請はできるのでしょうか？

A：可能です。そもそも相続の登記申請に権利証は不要とされています。権利証は平成17年の法改正により廃止され、現在では、代わりに登記識別情報が発行されるようになりました。相続登記の場合は必要ありませんが、不動産を売却する際には、権利証か、登記識別情報の提出が求められます。この際、権利証等を紛失していた場合でも、別の方法で本人確認をすることも可能なので、司法書士等に相談しましょう。

＼ぶっちゃけ／
53

2024年から相続登記が義務化！3年放置でペナルティ？

相続登記が義務化されます。「これから相続する人の話でしょう？」と思われている方が多いのですが、残念ながら、**過去に不動産を相続して名義変更をしないまま放置しているすべての人が、罰則の対象になる予定**です。これまで相続登記には、期限や罰則はありませんでした。そんな相続登記が、この度、なぜ義務化されることになったのか、その背景には**「所有者不明土地」**が増加していることがあります。所有者不明土地とは、次のような土地をいいます。

- 不動産登記簿上、誰のものかわからない土地
- 所有者はわかるが、連絡がつかない人が所有している土地

なぜ「所有者不明土地」が増えているのか？

所有者不明土地が増加した要因として、次のことが考えられます。

- 相続登記が義務ではなく、放置しても罰則など不利益を被《こうむ》ることがなかった（所有者不明土地のうち、約66％は相続登記の放置により発生）
- 都市部への人口移動により、地方を中心に人口が減少した
- 高齢化が進み、土地を所有したいという気持ちが薄れている

「所有者不明土地」増加の問題点とは？

- 管理が行き届かず、放置されると、近隣住民の生活に悪影響を及ぼす可能性がある
- 公共事業や復旧、復興事業が円滑に進まない

東日本大震災の被災地で、住宅の高台移転や防潮堤《ぼうちょうてい》の建設、土地のかさ上げを行う区画整理の過程において所有者不明土地が多数見つかり、買収予定地の所有者がわからず、復興の大きな妨げになったことはご存じの方も多いかもしれません。

国土交通省の地籍調査（平成28年度）によると、この**所有者不明土地は、日本全体のおよそ20%**に及ぶとされています。面積でいうと410万 ha に相当し、九州の土地面積（368万 ha）を超えています。

高齢化によって、死亡者数が増加すると、今後この「所有者不明土地問題」はますます深刻化することが予想されます。こうした背景から、所有者がわからない土地を増加させないための施策として、この度、相続登記が義務化されることとなりました。

いつから義務化される？

2021年４月に相続登記が義務化されることが決定しましたが、実際にはまだ義務化されていません。現在公表されている法律によると、「決定した日から３年以内に義務化予定」とされています。そのため、**2024年頃に実際に義務化される見込み**です。

義務化された後のルール

義務化された後のルールは**「相続から３年以内に、相続登記（所有権の移転の登記）を申請しなければならない」「このルールに違反すると10万円以下の過料に科される」**と意外とシンプルです。

義務化の対象者は？

義務化が始まる前に相続が開始した方で、現在、相続登記を済ませていない人も対象です。ただし、既に相続が発生している方でも、義務化が始まる日から３年以内に相続登記を行えば、過料は科されません。相続登記未了の不動産がある場合は、早急に着手しましょう。

ぶっちゃけ

54 相続登記義務化のペナルティを避けるための奥の手

相続登記の義務化に伴って、３年以内に事情があって相続登記ができない場合の対策として、「相続人申告登記（仮称）」が新設されます。

相続人申告登記とは？

登記上の所有者が亡くなっているが、相続人間で遺産分割の話し合いがまとまらないなどの事情があり、相続登記を３年以内に申請することができない場合に、「登記上の所有者が亡くなった旨」「自らが相続人である旨」を法務局に対し、申し出る制度です。

この申出をすることによって、３年以内に相続登記の申請義務を履行したものとみなされ、10万円以下の過料を一時的に免れることができます。この申出を受けると法務局の登記官が職権で、申出をした人の氏名および住所等を登記します。このとき、通常の登記とは異なり、持分の記載はされません。

「報告的」な仮の登記です

この相続人申告登記は、相続を原因とする所有権の移転登記ではなく、あくまで「報告的」な仮の登記です。つまり、**相続人申告登記をしただけでは、売却等はできません。**

この制度は、相続人のうち１人が相続人申告登記をした場合であっても、その効果は他の相続人まで及びません。１人ずつ申出をする必要があり、申出をした人ごとに登記簿に記載されていきます。

相続人が多ければ多いほど、申出の手続が大変です。「相続人のうちの１人が相続人申告登記をすれば、他の相続人についても、あわせて申出がされたものとみなすべきでは？」との議論はされたようです。

しかし、戸籍謄本等の提出は求めず、申出をした人の氏名、住所等を付記するにとどめる（相続人の数を把握し、持分の記載をすることはしない）簡単な制度にしよう！ というところから、個人単位での申出が必要になりました。ちなみに、代表相続人が、他の相続人から委任を受けて相続人申告登記を行うことは可能です。

相続人申告登記の必要書類と手数料

現時点では、必要書類や申出にかかる手数料は公表されていないため、わかっていることはありません。しかし、添付書類は簡略化、費用負担は軽減することを目標としています。

相続人申告登記をした後

相続人申告登記は、あくまで「報告的」な仮の登記です。そのため、相続人間で遺産分割の話し合いがまとまらないなどの事情が解消され、不動産を相続する人が確定した場合には、その確定した日から３年以内に相続登記をしなければいけません。

この相続登記を怠ると、10万円以下の過料が科されます。せっかく相続人申告登記を行い、一時的に過料を免れたにもかかわらず、所有者が決まった後の相続登記を失念し、10万円以下の過料を科されることがないよう、注意しましょう！

法定相続分により相続登記をするという手法もある

相続人申告登記と同様に、遺産分割の話し合いがまとまらないなどの事情により相続登記ができない場合に、法定相続分による相続登記を申請することができます。これは、相続人申告登記とは異なり、相続人１人が単独で申請することが可能です。これを「保存行為による相続登記」といいます。

相続登記の義務化によって創設されるものではなく、従前から存在

相続人申告登記の流れ

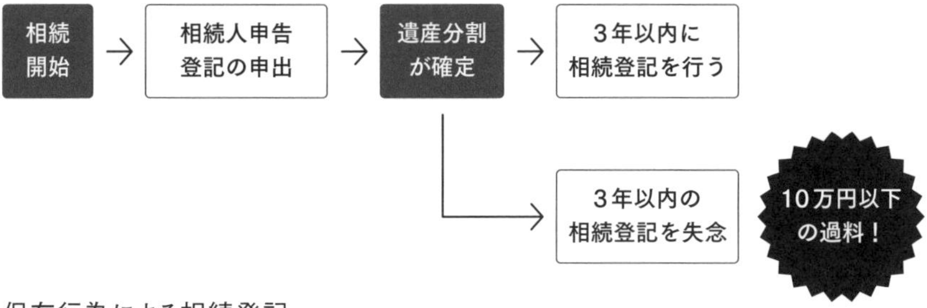

保存行為による相続登記

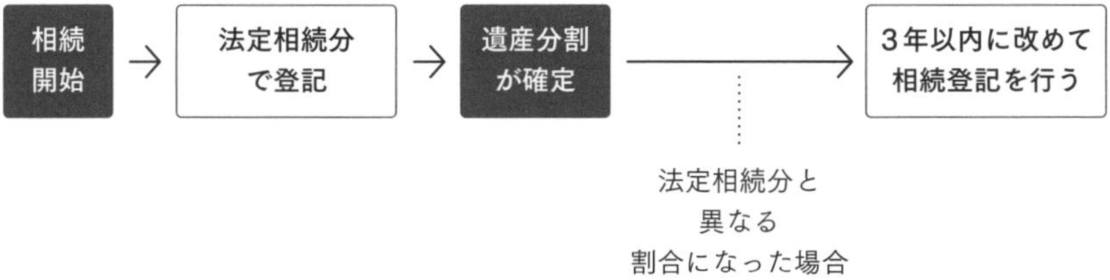

する登記方法ですが、亡くなった日から３年以内にこの方法により登記をした場合には、相続人申告登記と同様に、10万円以下の過料は科されません。しかし、その後に遺産分割の話し合いがまとまり、**法定相続分と異なる割合になった場合には、その話し合いが終わった日から３年以内に、話し合いの結果に基づく相続登記の申請をする必要があります。**この申請を怠ると、10万円以下の過料が科されることになるので、注意が必要です。

また、「保存行為による相続登記」については、通常の相続登記と同様に、戸籍謄本をはじめとする多くの添付書類が必要になります。仮の登記であるにもかかわらず、登記費用は、専門家に依頼すると、１つの不動産につき５万円前後生じます。そのため、相続登記の義務を果たすには、「保存行為による相続登記」ではなく、相続人申告登記がオススメです。

＼ぶっちゃけ／

55 ついに始まる！ 待望の不要土地の国有化制度

「先代から所有している地方の土地を誰も相続したがらないので困っている」

「相続した地方にある山林を手放したいけれど、売却もできない。良い方法はありませんか？」

こうした相談を非常によく受けます。現行の民法では、一部の財産を放棄し、必要な財産のみを相続するということは認められていないため、不要な土地のみを放棄するということはできませんでした。

しかし、この度、**所有者不明土地の発生を予防する施策として、相続登記の義務化とともに、土地所有権を国庫に帰属させることができる制度が創設**されることになりました。

相続土地国庫帰属法とは？

2021年4月に成立した法律です。相続等によって土地の所有権を取得した者が、法務大臣の承認を受けて、その土地の所有権を手放して、国庫に帰属させることができる制度です。簡単に言うと、「相続した不要な土地の所有権を国に対して返すことができる制度」です。ただ、簡単に認めてくれるわけではありません。土地の維持・管理には当然、費用や労力がかかるので、一定の要件を定めています。

この制度の開始時期ですが、法律の中に「公布（2021年4月28日）から2年以内の政令で定める日から施行」と記載があります。政令は未制定であるため、具体的に開始される日は未定ですが、2021年4月28日から2年以内ですので、2023年4月までには、開始される見込みです。

申請ができるのは誰？

相続または遺贈（相続人に対する遺贈に限る。以下「相続等」という）によりその土地の所有権を取得した人に限られます。

つまり、**売買などで自ら積極的に取得した土地については、この制度の対象外**です。土地を数人で共有して所有している場合には、共有者の全員が共同して申請する必要があります。共有の場合、所有者の中には、相続等以外でその持分を取得した人が含まれている場合があります。この場合には、相続等により持分を取得した人と共同すれば、この申請を行うことが可能です。

例えば、ＡとＢが共同してある土地を購入しました。ほどなくして、Ａが死亡し、その土地の持分は相続人であるＣが引き継ぎました。

Ａの相続を機に、ＢとＣは共同して所有権を国庫に帰属させるための申請を行うことにしました。この場合、Ｂは相続等以外の方法（売買）で土地を取得しましたが、相続等で取得したＣと共同して申請をするため、Ｂについても申請することが可能というわけです。

申請できる土地は？

簡単にまとめると、**「抵当権等の設定や争いがなく、建物もない更地」**となります。通常の管理や維持に必要以上の費用や労力がかかる面倒な土地はお断りというわけです。具体的には、以下の10項目のいずれにも該当していないことが要件になります。

申請できない10の土地

①建物がある土地

②担保権、または使用および収益を目的とする権利が設定されている土地

③通路など他人によって使用されている土地

④土壌汚染対策法に規定する特定有害物質で汚染されている土地

⑤境界が明らかでない土地、その他所有権の存否《そんぴ》、帰属や範囲に争いのある土地
⑥崖のある土地など、通常の管理にあたり過分の費用、または労力を要する土地
⑦工作物や樹木、車両などが地上にある土地
⑧除去が必要なものが地下にある土地
⑨隣接する土地の所有者などと争訟《そうしょう》をしなければ使えない土地
⑩その他、管理や処分にあたり過分の費用、または労力がかかる土地

費用はどれくらい?

審査手数料がかかります。審査手数料については、詳しいことはまだわかっていません。また、実際に承認を受けた場合には、10年分の土地管理費用相当額の負担金の納入が必要になります。この負担金は、土地の地目や面積、周辺の環境など、実情に応じて算出するとされていますが、詳細は明らかになっていません。参考までに、現状の国有地の標準的な管理費用(10年分)は、以下の通りです。

- **市街地の200m^{2}の宅地:約80万円**
- **粗放的な管理で足りる原野:約20万円**

管理費用には、柵や看板を設置するための費用、草刈りや巡回のための費用が含まれています。

手続の具体的な流れ

①承認申請

申請書と一定の添付書類を提出し、審査手数料を支払います。提出先は法務局になると考えられます。申請書には、「承認申請者の氏名又は名称、住所」「承認申請に係る土地の所在・地番・地目および地

積（すべて登記簿謄本で確認が可能です）」を記載します。添付書類の詳細はまだ決まっていません。

②法務大臣による要件審査・承認

法務大臣が要件に当てはまる土地か審査を行います。実際には、権限の一部を法務局または地方法務局に委任し、そちらの職員が審査を行います。

職員には、申請された土地やその周辺の地域にある土地の実地調査を行い、必要に応じて申請者やその土地の関係者から事情を聴取したり、追加の資料提供を求めることができる権限が与えられています。要件をすべて満たしていた場合、法務大臣から承認の通知がされます。ちなみに、以下に該当する場合、申請は却下されます。

- 承認申請の権限のない人からの申請の場合
- 要件に該当しない土地、申請書や添付書類、負担金の規定に違反している場合
- 事実の調査に協力しない場合

なお、申請の内容に偽りがあった場合や、不正をした場合は、承認は当然取り消されます。

③負担金の納入

「費用はどれくらい？」で解説した負担金を納入します。実際の負担額は、承認とあわせて、法務大臣から通知されます。

承認の通知を受けてから**30日以内に納入しない場合には、承認の効力は失われます**ので、注意しましょう！

④国庫帰属

土地の所有権は、申請者が負担金を納付した時点で国庫に移転するものとされています。

＼ぶっちゃけ／

56 車の名義変更から廃車までの手続を解説！

車の名義変更

車の所有者が亡くなったときは、所有者の変更を行う必要があります。**「価値がないからそのまま放置」はNG**です。その後、自動車保険に加入できない可能性が生じるほか、売却や廃車をする際に、必ず名義変更が必要になるためです。ちなみに、所有者は、自動車検査証（いわゆる車検証）の「所有者の氏名または名称」欄で確認をすることが可能です。

名義変更の期限

車両の相続手続をしなかった結果、罰則が科せられることは一般的にはありませんが、道路運送車両法には、次のような規定がありますので、速やかに、名義変更の手続をしましょう。

“新規登録を受けた自動車について所有者の変更があったときは、新所有者は、その事由があった日から15日以内に、国土交通大臣の行う移転登録の申請をしなければならない。”

名義変更に必要なもの

- 自動車検査証
- 戸籍謄本（死亡の事実および相続人全員が確認できるもの）
- 車庫証明書（車庫の住所を担当する警察署で入手します。発行に2000円前後の手数料が生じます。発行までに長ければ1週間ほど時間がかかりますので、前もって申請をしましょう。また、**証明後、40日以内のものが必要**です。なお、故人と新所有者となる相続人

が同居していた場合には、不要になる場合があります）
- 新所有者となる相続人の実印（本人が手続に行けない場合には、実印を押印した委任状が必要です）

＜遺言書がある場合＞
- 遺言書
- 検認済証明書（自筆証書遺言の場合）

＜遺産分割協議をした場合＞
- 遺産分割協議書
- 新所有者となる相続人の印鑑証明書（発行から３か月以内のもの）

なお、車の価格が100万円以下である場合には、遺産分割協議書に代えて、遺産分割協議成立申立書を提出することができます。

遺産分割協議成立申立書は、遺産分割協議書よりも簡単な様式ですが、車の価格が100万円以下であることが確認できる査定証などの資料の添付が必要になります。

この遺産分割協議成立申立書は運輸局のホームページから入手できます。

【遺産分割協議成立申立書のダウンロード】
https://wwwtb.mlit.go.jp/kanto/content/000109121.pdf

名義変更を行う場所

名義変更は、車のナンバープレートを管轄する運輸支局で手続ができます。各地域にある運輸支局の場所や受付時間などの詳細は、国土交通省の公式サイトでチェックしましょう。

廃車に必要なものと手続の流れ

「亡くなった父が所有していた車はもう古いし、母は免許を持っていないので、乗る人がいません」

これもよくあることです。名残惜しいけれど、廃車（解体）するときの手続を解説します。

まず、自動車自体を処分し、登録そのものを完全に抹消することを「永久抹消登録」といいます。永久抹消登録も、ナンバープレートを管轄する運輸局で手続を行います。必要になるものは下記の通りです。

- 自動車検査証
- ナンバープレート（前後２枚必要です）
- 戸籍謄本（死亡の事実と申請人が相続人であることを確認できるもの）
- 申請人の印鑑証明書（発行後３か月以内のもの）
- 申請人の実印
- 解体に係る「移動報告番号」および「解体報告記録がなされた日」

廃車にする場合の流れは、「解体→永久抹消登録の手続」です。

解体のために、引き取り業者等へ車を持ち込み、解体してもらった際に、ナンバープレートの受け取りと解体に係る「移動報告番号」、「解体報告記録がなされた日」の確認を忘れずに行いましょう。

ちなみに、永久抹消登録をする場合には、遺産分割協議書は不要です。**法定相続人のうち、１人が代表となって手続を行うことができます。**

また、車検残存期間が１か月以上ある場合には、自動車重量税の還付を受けることができます。申請の際に、申請をする方の預金口座の内容がわかるものをご持参ください。

軽自動車の相続手続

故人が軽自動車を所有していた場合には、手続を行う場所が異なり、軽自動車検査協会で行います。また、遺産分割協議書などを添付する必要はなく、簡易的に名義変更を行うことが可能です。

車のローンがある場合

故人が車をローンで購入し、返済が完了していない場合には、車検証に記載されている所有者は「ローン会社」もしくは「ディーラー」になっており、故人は「使用者」として記載されていることがあります。

このようなときはローン会社に連絡をして、故人が死亡したことを伝えましょう。**ローンがある場合は、相続人が引き継いで返済をする必要があります。**

車にかかる相続税

故人が持っていた車も遺産の１つとして相続税の対象になります。車の評価額は、原則、売買実例価額です。

売買実例価額とは、亡くなった日に中古車として売却したと仮定したときの金額です。ネット上で、「一般的な買取相場を調べる」「業者に見積価額を算出してもらう」などの方法により算出します。もしも、この売買実例価額がわからない場合には、減価償却費などを考慮して計算をします。

一般的な車の耐用年数は6年と定められているので、**購入から６年経過しているものは、一部の高級車を除き、非常に低い相続税評価額となります。**

＼ぶっちゃけ／
57 自動車保険の等級も相続できる！

まず自動車保険のしくみから簡単に説明します。自動車保険の証券を見てみると、「契約者」「記名被保険者」「所有者」の欄があります。

契約者：保険契約を申し込み、保険料の支払いをしている人
記名被保険者：主にその車を運転する人
所有者：車検証に記載されている所有者と同様

自動車保険は等級制度が用いられています。これは、事故歴に応じて保険料を割引したり、割増したりする制度です。20段階に区分されており、初めて契約する場合は、６等級から開始し、１年間事故がなければ、更新時に等級が１つあがるしくみです。**等級が高いほど、保険料の割引率は大きくなります。**

名義変更

契約者が亡くなった場合には、一般的には、相続人の代表者から保険会社に電話連絡をし、契約者の変更を行います。相続人の中に配偶者がいる場合には、配偶者が代表者になります。

証券番号、新契約者となる人の氏名、住所、生年月日、免許証の情報が確認されます。お手元に保険証券と、新契約者となる人の免許証を用意して電話をしましょう。受付が完了すると、契約変更のための書類が送付されます。必要事項を記載のうえ、返送すると契約者の変更が完了します。

記名被保険者、所有者が亡くなった場合には、契約者本人から保険会社へ連絡しましょう。この場合にも証券番号が確認されますので、

お手元に保険証券を用意して電話をしましょう。この場合には、電話で契約変更が完了する場合があります。

等級の引き継ぎが可能

記名被保険者が亡くなった場合に、同居していた家族や親族が記名被保険者を引き継いだときは、等級も引き継ぐことができます。ちなみに、等級の引き継ぎができる家族や親族は下記に限られます。

- 亡くなった記名被保険者の配偶者
- 亡くなった記名被保険者の同居親族（6親等内血族）
- 亡くなった記名被保険者の配偶者の同居親族（3親等内姻族）

自動車保険に新規加入すると、6等級からスタートするので、従前の契約が7等級以上であれば、引き継ぎを検討しましょう。

逆に5等級以下であれば、新たに契約をし直すほうが保険料を節約できる可能性があります。また、保険会社によっては、一定期間内に、手続をしない場合には、引き継ぎができなくなる場合があります。

※保険会社によっては一部取り扱いが異なる可能性があります。

＼ぶっちゃけ／

58 ゴルフ会員権は相続できる？ 売るときのポイントは？

ゴルフ会員権とは、会員制ゴルフ場の利用権のことをいいます。会員になると、ゴルフ場の競技会に参加できたり、優先的に予約ができたり、割安でプレーできたりとさまざまな特典を受けられるメリットがあります。

ゴルフ会員権は、バブル時に最高値を更新し、富裕層を中心に投資目的で取得されました。しかし、バブル崩壊とともに、ゴルフ会員権の価格も急落し、市場では売りが先行したため、**投資目的で購入した人は売りたくても、売れないという状態が長く続きました。**そのため、処分ができず、やむなく持ち続けているという人も多いかもしれません。

ゴルフクラブの中には、会則等によって、会員の死亡を会員資格の喪失事由として定めている場合があります。この場合には、会員の地位は相続の対象とはなりませんが、このような会則がない場合には、**一般的に相続の対象**となります。

ゴルフ会員権の相続の流れ

①証書を確認する

大きさはゴルフ場によって異なりますが、表彰状のような見た目のものです。表には、「〇〇ゴルフ場会員証書」「〇〇ゴルフ場会員権」などと記載され、「保証金　金〇〇〇円」と書かれているものが多いようです。失くしている場合には、紛失・再発行の手続に費用・期間がかかります。

②ゴルフ場名を確認する

経営者の交代などによりゴルフ場名が変わっている場合がありますので、確認しましょう。

③名義書換をして会員権を利用する？ 売却する？

●名義書換をして利用する場合

ゴルフ場規定の名義書換料が必要です。ゴルフ場によって異なりますが、**10万円～100万円程度が相場**です。別途、年会費や追加預託金が必要になる場合もあります。

また、ゴルフ場によっては、年齢、他のゴルフクラブ在籍の有無、クラブ在籍者による紹介か否かなど、入会条件を満たしているかの審査が行われますが、相続の場合は、入会条件が免除されるケースがあります。

しかし、男性会員から女性会員への名義書換ができないなど、**名義書換条件が厳しいゴルフ場もあります**ので、相続する人が会員になれる人かどうか、事前に確認をしましょう。

必要書類を提出、入会審査を経て、名義書換料を振り込むと、メンバーとしてプレーが可能になり、後日、ゴルフ場から新しい会員証書やネームプレートなどが送付されます。

●売却する場合

売却の方法は、**「①代表相続人に名義を換えることなく、そのまま第三者に売却できる場合」「②一度代表相続人に名義を換えてからでないと売却できない場合」**の２通りがあり、ゴルフ場によって異なります。

①、②ともに会員権業者に支払う手数料が発生します。取引価格の２％～３％程度が目安です。加えて、②の場合には、名義書換のためにゴルフ場に支払う費用が発生します。通常の名義書換料より割安に

なっているゴルフ場が多いですが、名義書換に日数を要するため、すぐに売却することができません。

ゴルフ場に①、②のいずれに該当するかの確認が完了したら、会員権業者を通じて市場で売却手続を進めるのが一般的です。**ゴルフは春、秋がトップシーズンですので、この時季には買い希望が増加し、高値で売れる傾向にあります。**

④必要書類を準備する

名義書換をして利用する場合も、売却をする場合も必要となる書類は同じです。

- ゴルフ会員証書、またはゴルフ会員権
- 遺言書もしくは遺産分割協議書の原本（コピーで良い場合もあります）
- 戸籍謄本の原本（故人の出生から死亡までのものと、相続人全員の現在戸籍を準備しましょう。コピーでよい場合もあります）

●相続人全員の印鑑証明書の原本（発行から３か月以内のもの）

遺産分割協議書がない場合には、誰がゴルフ会員権を相続するかを記載した同意書を作成し、相続人全員が署名・押印（実印）をして、提出します。なお、この同意書は、ゴルフ場で用紙が決まっている場合があります。

償還という手続もある

預託金制のゴルフ会員権で、市場での売却が難しい場合には、会員権をゴルフ場に返すことを意味する「償還」という手続をとることができます。預託金は、10年～20年の据置期間を経て、会員が退会する際に、返還されるのが一般的です。

市場で取引されている価格が預託金額を下回る場合や、そもそも市場での売却が難しい場合には、退会手続を行い、預託金の返還を受ける「償還」を選択しましょう。

ただし、会員減少によるゴルフ場の経営状態の悪化や、償還を選択する人の増加に伴い、ゴルフ場に預託金を返還するだけの資金力がないという理由から、特にバブル崩壊後には返還を拒否される問題が多発しました。償還手続をとりたい場合には、ゴルフ場に返還が可能か確認をしましょう。

第5章

相続税の手続

第５章の主な内容

⧄ 相続税が０円？ 絶対知っておきたい２つの特例とは？

⧄ 税務署から怖い手紙が届いたときの対処法は？

⧄ 自分でできる！ 相続税申告書の書き方とポイントは？

⧄ 相続税はクレジットカードでも払えます。その方法は？

⧄ 税務調査で質問されること８選。それぞれの狙いとは？

ぶっちゃけ

59 相続税が０円？ 絶対知っておきたい２つの特例

相続に際して、相続税の申告が必要になる方とならない方がいます。まずは、ご自身がどちらに該当するかを確認しましょう。

申告が必要になる方

遺産の合計額が、次の算式で計算された基礎控除額を超える方です。「3000万円＋600万円×法定相続人の数」

例えば、相続人が妻と子供２人の場合は、相続人が３人となるため、3000万円＋600万円×３人＝4800万円です。遺産の合計額が4800万円を超えるのであれば、相続税の申告が必要になります。

すごい特例①　「小規模宅地等の特例」

相続税の計算には、さまざまな特例があり、その特例を使えば、遺産が基礎控除額を超えたとしても、結果的に相続税が０円になることがあります。しかし、たとえ相続税が０円だったとしても、特例を使うには、相続税の申告が必要になることがありますので注意が必要です。

例えば、「小規模宅地等の特例」という制度があります。これは、**故人が自宅として使っていた土地を、配偶者か、故人と同居していた親族が相続した場合には、土地の評価額を$330m^2$（約100坪）まで８割引きするという特例**です。

仮に１億円の土地であったとしても、この特例を使えば2000万円の評価で相続税が計算されます。この特例を使った結果、基礎控除額を下回り、相続税が０円になる方が非常に多いのですが、この特例を使うには、相続税の申告が必ず必要になりますので、ご注意ください。

すごい特例②　「配偶者の税額軽減」

また、**夫婦間の相続であれば、最低でも１億6000万円まで無税になる、「配偶者の税額軽減」という特例があります。**極端な話、遺産が１億6000万円以下の方であれば、すべての遺産を配偶者に相続させれば、相続税は０円になります。ただ、この場合も先ほどと同様に、相続税の申告が必要になりますので、ご注意ください。

一方で、相続税申告が完全に不要となるケースも存在します。例えば、生命保険金の非課税枠を使うと基礎控除額を下回る場合には、申告は不要となります。そのほかにも、相続税の障害者控除（222ページ）、未成年者控除（241ページ）などの各種税額控除を使って相続税が０円になった場合にも、相続税の申告は不要です。

「相続税０円」にすると、二次相続が大変です

配偶者の税額軽減を最大限に使えば、相続税は結果として０円にできますが、この形が有利になるとは限りません。むしろ最終的には不利になることも多いです。その理由は、**一次相続で配偶者に遺産を相続させすぎると、二次相続（配偶者が亡くなった場合）の税金が非常に高額になる**からです。前著『ぶっちゃけ相続』で解説していますので、ぜひご参照ください。

相続税の申告と納税の期限

相続があったことを知った日から10か月です。例えば、令和４年４月１日に相続があった場合は、その10か月後である令和５年２月１日が申告期限となります。10か月後が土日祝日であった場合は、次の平日が申告期限です。この日までに申告書を税務署に提出し、納税まで完了させる必要があります。なお、**申告と納税は、期限内であれば、どちらが先でもOK**です。納税が先、申告を後にするというケースもあります。

相続税のかかる財産リスト

- 土地
- 借地権
- 家屋
- 高価な庭園設備
- 高価な家財
（特に相続開始直前に購入したもの）
- 車、バイク
- 現金
- 預金
- 株式（上場株式）
- 株式（非上場株式）
- 投資信託
- 国債
- 仮想通貨（暗号資産）
- 生命保険金（一定額まで非課税）
- 相続開始後に支給された入院給付金
- 生命保険契約に関する権利
（保険料負担者：故人　被保険者：健在の方）
- 解約返戻金のある損害保険
（JA の建物更生共済等）
- 金地金、宝石類
- 掛軸や骨董品などのうち歴史的・美術的価値のあるもの
- 介護保険料や国民健康保険料の還付金
- 所得税、住民税の還付金
- 相続後に支給された高額療養費
- 著作権
- ゴルフ会員権

相続税のかからない財産リスト

- 庭内神し（庭にある鳥居やお稲荷さんと、その敷地）
- 未支給年金（公的年金）
- 葬祭費および埋葬料
- 香典
- 墓地、仏壇仏具のうち日常的に礼拝しているもの（金庫に保管している金の仏像等は課税）
- 天皇家の持つ三種の神器

\ぶっちゃけ/
60 「あなたをマークしています」税務署からの手紙に注意！

相続が発生してから約半年経過した頃に、税務署から「相続税についてのお知らせ」、もしくは「相続税の申告等についての御案内」という手紙が届くことがあります。これらの手紙は、相続が起きた全世帯に発送しているものではなく、税務署の内部に存在する巨大なデータベース、KSK（国税総合管理システム）により、「この世帯には相続税がかかりそうだな」と判断されている世帯に発送されます。つまり、**この手紙が届くということは、税務署から既にマークされていることを意味します。**

２つの手紙の違いは？

手紙には２種類ありますが、「相続税の申告等についての御案内」のほうが、より重点的にマークされていることを意味します。

こちらの手紙には、「相続税の申告要否検討表」という書類が同封されています。この書類に遺産の詳細を記入することで、相続税の申告が必要かどうかを判定し、その結果を税務署へ提出するのです。

この書類の提出は義務ではありません。申告書を提出する予定の方は、提出しなくても問題ありませんが、提出しない方は、申告義務がないことを伝えるためにも、この書類を積極的に提出しましょう。

近年、税務署は申告書を一切提出しなかった無申告者への税務調査を積極的に行っています。調査官は「不慣れだったため計算を間違えてしまった人」などには割と寛容ですが、「意図的に遺産を隠すような悪意のある人」へは非常に厳しい対応をとります。誠実な態度を示すことが、税務署を遠ざける一番の薬になります。

税務署から届く手紙

〒　　　　　　　　　　　　　　　　　　　　　　　　番　号　　　－

住　所＿＿＿＿＿＿＿＿＿＿　　　　　　　　　　　　令和　　年　　月　　日

氏　名＿＿＿＿＿＿＿＿＿＿様

相続人等各位

＿＿＿＿＿税務署長　税務署長の氏名の記載及び署長印の押印は省略しています

資産課税（担当）部門

（電話　　－　　－　　　）

担当者	（内線　　　）

相続税の申告等についての御案内

このたびの＿＿＿＿＿＿＿＿＿様の御逝去に対し、謹んでお悔やみ申し上げます。

さて、お亡くなりになられた方の遺産の総額が基礎控除額（3,000万円＋600万円×法定相続人数）を超える場合、亡くなられた方から相続や遺贈によって財産を取得された方は、亡くなられた日の翌日から10か月以内に相続税の申告と納税が必要になります。

つきましては、同封の「相続税のあらまし」を参考に申告と納税の必要があるかどうかを確認いただき、次の１又は２に記載するところにより「相続税の申告書」又は「相続税の申告要否検討表」の提出をお願いいたします。

1　お亡くなりになられた方の遺産の総額が基礎控除額（3,000万円＋600万円×法定相続人数）を超える場合には、令和　年　月　日までに、亡くなられた方の住所地を所轄する税務署へ「相続税の申告書」を提出し納税をしてください。

2　お亡くなりになられた方の遺産の総額が基礎控除額に満たない場合には、「相続税の申告書」の提出は必要ありませんが、申告の要否を確認させていただくために、同封の「相続税の申告要否検討表」を、令和　年　月　日頃までに御提出くださいますようお願いいたします（同封の返信用封筒を御使用ください。）。

（注）1　この御案内は、あなたが過日、市区町村に届出された「死亡届」を基に送らせていただきました。あなたが相続人等でない場合には、お手数ですが、当署資産課税（担当）部門へ御連絡ください。

2　既に「相続税の申告書」又は「相続税の申告要否検討表」の提出をされている場合には、この御案内が行き違いとなったものと思われますので、ご容赦ください。

※　この文書による行政指導の責任者は、上記の税務署長です。

税務署にお掛けいただいた電話は、自動音声で御案内しています。担当者へのお問合せは、音声案内で「２」番（税務署）を選択した後、交換手に内線番号と担当者名をお伝えください。

（資4－36－A4標準①）

マーク度が高いと、
「相続税の申告等についての御案内」が
届きます

相続税の調査事績

項目 ＼ 事務年度等		平成30事務年度	令和元事務年度	対前事務年度比
①	実地調査件数	件 12,463	件 10,635	% 85.3
②	申告漏れ等の非違件数	件 10,684	件 9,072	% 84.9
③	非違割合 (②／①)	% 85.7	% 85.3	ポイント ▲0.4
④	重加算税賦課件数	件 1,762	件 1,541	% 87.5
⑤	重加算税賦課割合 (④／②)	% 16.5	% 17.0	ポイント 0.5

税務調査を受けた85.3%の人に追徴課税が発生！

※「令和元事務年度における相続税の調査等の状況」より

無申告事案に係る調査事績の推移

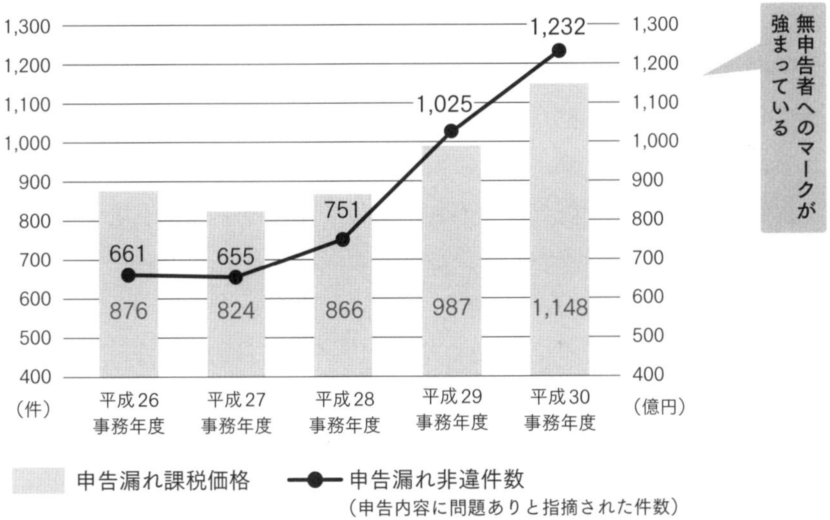

※「平成30事務年度における相続税の調査等の状況」より

＼ぶっちゃけ／

61 相続税申告の必要書類と注意点

完成した相続税申告書を税務署へ提出する際は、下記の書類も併せて提出する必要があります。

①相続人のマイナンバーカード（通知カード、マイナンバーの記載のある住民票でもOK）
②相続人の本人確認書類（運転免許証、パスポート、公的医療保険の被保険者証など）
③故人の出生から死亡までの戸籍謄本
④すべての相続人の現在の戸籍謄本
⑤遺言書、または遺産分割協議書
⑥相続人全員の印鑑証明書（遺産分割協議書を提出しない場合は不要）

①〜⑤はコピーでも大丈夫ですが、⑥の印鑑証明書だけは原本を提出する必要があります。なお、税務署へ提出した印鑑証明書は返却されません。印鑑証明書は、他の相続手続と並行して使うため、余分に１枚多く取得しておくことをオススメします。※小規模宅地等の特例などの適用を受ける場合には、必要書類が増えることがあります。詳しくはこちらのURLよりご確認ください。
【国税庁：相続税の申告の際に提出していただく主な書類】
https://www.nta.go.jp/publication/pamph/sozoku/shikata-sozoku2018/pdf/10.pdf

③と④に代えて、法定相続情報一覧図のコピーでもOKです。ただ

し、**法定相続情報一覧図では、子の続柄を「長男、長女、養子」などと記載する方法と、「子」とだけ記載する方法を選択することができ、後者の場合は税務署提出用には使えません**のでご注意ください。また、相続人の中に養子がいるときは、法定相続情報一覧図に加えて、その養子の戸籍謄抄本の提出も必要になります。

なお、令和3年4月より、申告書への押印は必要なくなりましたが、提出する遺産分割協議書には実印による押印が必要なままですので、その点も注意しましょう。

法定相続情報一覧図を添付書類にするときの注意点

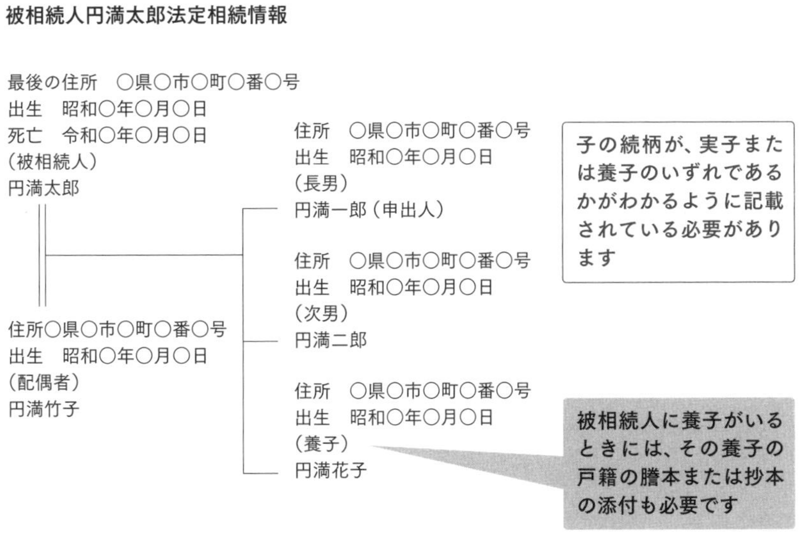

＼ぶっちゃけ／

62 自分でできる！相続税申告書の書き方とポイント

前著『ぶっちゃけ相続』でもお伝えしましたが、「①相続税の節税は一切考えなくてよい」「②相続税の税務調査で追徴課税される心配もまったくない」方であれば、税理士に依頼せずに、ご自身で相続税の申告書を作成するのもよいでしょう。

相続税申告は、所得税の確定申告のように毎年作成するものではないため、なじみがなく難しいものだという認識が一般的かと思います。

しかし実際は、国税庁のホームページに相続税申告を自分で行う人のために、しっかりとした手引きが用意されていますので、これに従って行えば、ご自身でも作成可能です。

また、困ったときは、税務署の窓口でも相談することが可能です。ただし、**税務署の窓口で教えてもらった通りに作成したにもかかわらず、その内容に間違いがあった場合、税務署の人たちは責任を取ってくれません**ので、その点は注意しましょう。

「相続税の申告要否判定コーナー」で納税額を試算

まずはご自身の相続について、申告義務の有無と、相続税の見込額を「相続税の申告要否判定コーナー」で確認していきましょう。

【国税庁　相続税の申告要否判定コーナー】

https://www.keisan.nta.go.jp/sozoku/yohihantei/top

「小規模宅地等の特例」、「配偶者の税額軽減」の計算もできますので、とても便利です。ただし、申告書に書き込むべき具体的な金額等は算出されますが、所得税の確定申告書と異なり、申告書そのものの作成までは対応していませんのでご注意ください。**最終的には金額を相続税申告書に手書きで写すことになります。**

相続税申告書の作成と提出

相続税申告書の記載例にしたがって申告書を作成する場合は、①まず「相続税の申告要否判定コーナー」で計算された税額を控えておき、②記載例を見ながら申告書に手書きで数字を埋めていき、最終的な相続税の額が①と一致すれば、正確な申告書の作成ができたと言えるでしょう。オススメとしては、まずは一度記載例と同じ事例にもとづいて申告書を作成し、少し慣れてから実際の財産状況に応じて申告書を作成してみるとよいでしょう。

相続税申告書は実際に税務署の窓口に提出する方法と、郵送により提出する方法があります。

申告書を提出する際には、**申告書の第１表をコピーし、２枚用意**しましょう。そのうち１枚に「控え」と記載すると、税務署はその控えに収受印という、「確かに受理しました」という意味の印鑑を押してくれます。収受印つきの申告書控えは、相続税の申告書を提出した証拠になりますので、失くさないように大切に保管しましょう。

また控えをあわせて郵送で提出する場合は、切手つきの返信用封筒を同封しましょう。

申告書の控えは大切に保管

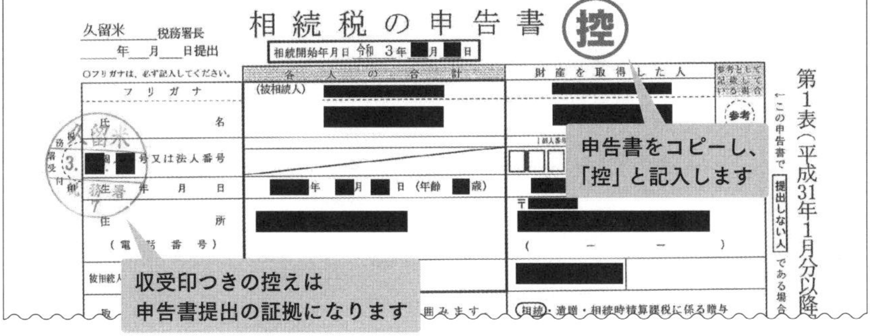

＼ぶっちゃけ／

63 相続税の納税方法、クレジットカードでも払えます

相続税の申告は、期限内に「納税」まで済ませて、初めて完了したといえます。

3つの納税方法

納税方法は、①税務署において現金で納税、②金融機関で払い込みにより納税、③クレジットカードによる納税の３種類があります。

いずれの方法にしても、**相続税の申告期限までであれば、いつのタイミングで納税しても問題ありません。申告書の提出前に納税だけを先に終わらせることもOK**です。

①と②の際には、税務署で取得する納付書という用紙が必要になります。必要事項を記載し、窓口に持っていきましょう。

子の相続税を親が払うと贈与税？

本来、**子供が支払うべき相続税を、親が負担すると、それは相続税と同じ金額のお金を贈与したのと同じという理由で、贈与税が課税されることがあります。**こういった事態を防ぐためにも、**相続税の支払いは、各相続人それぞれの口座から行う**必要があります。

ただ、遺産の分配が終わっていないため、相続税分のキャッシュを用意できない場合もよくあります。その場合には、一度、他の相続人が立替払いとして相続税を納税しても問題ありません。

ただし、その後、速やかに立替払いした相続税の精算を行う必要があります。**長い間、精算しないままでいると贈与と認定される可能性があります**ので、注意しましょう。

相続税納付書の記入例

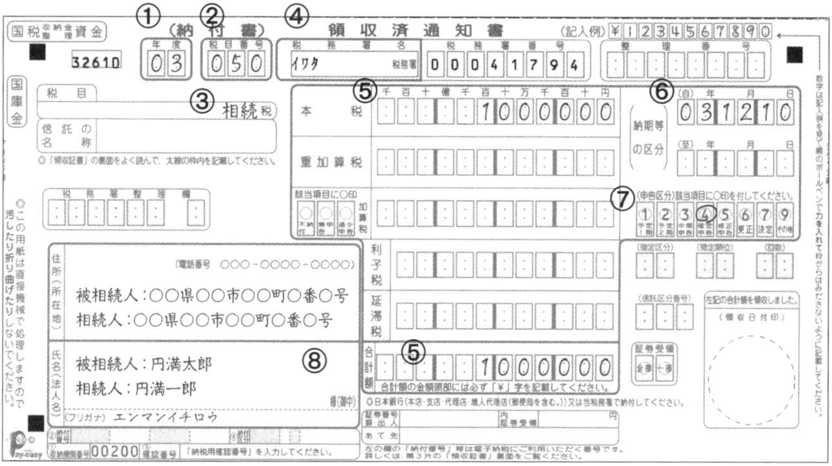

国税 収納金整理資金
（納付書）領収済通知書
（記入例）¥1234567890
32610
① 年度 03
② 税目番号 050
④ 税務署名 イワタ 税務署
税務署番号 00041794
整理番号
国庫金
税目 ③ 相続 税
信託の名称
◎「領収証書」の裏面をよく読んで、太線の枠内を記載してください。
税務署整理欄
⑤ 本税 1000000
重加算税
該当項目に○印 不納付 無申告 過少申告 加算税
利子税
延滞税
⑤ 合計額 1000000
合計額の金額頭部には必ず「¥」字を記載してください。
⑥ 納期等の区分 （自）年 月 日 031210 （至）年 月 日
⑦ （申告区分）該当項目に○印を付してください。 1 予定1期 2 予定2期 3 中間申告 4 確定申告 5 修正申告 6 更正 7 決定 9 その他
（確定区分） （確定期限） （回数）
（信託区分番号）
左記の合計額を領収しました。（領収日付印）
証券受領
住所（所在地） （電話番号 ○○○－○○○○－○○○○）
被相続人：○○県○○市○○町○番○号
相続人：○○県○○市○○町○番○号
氏名（法人名） ⑧
被相続人：円満太郎
相続人：円満一郎
様（御中）
（フリガナ） エンマンイチロウ
◎日本銀行（本店・支店・代理店・歳入代理店（郵便局を含む。））又は当税務署で納付してください。
収納機関番号 00200 確認番号 「納税用確認番号」を入力してください。
左の欄の「納付番号」等は電子納税にご利用いただく番号です。詳しくは、第3片の「領収証書」裏面をご覧ください。
数字は記入例を見て黒のボールペンで力を入れて枠からはみださないように記載してください。
◎この用紙は直接機械で処理しますので汚したり折り曲げたりしないでください。

① 税務署の会計年度を記載。毎年4月1日から翌年3月31日までを1年とみなすため、令和3年12月の場合は「03」
② 相続税の場合は「050」
③「相続」と記入
④ 故人の住所地を管轄する税務署
⑤ 相続税の金額を記入
⑥ 相続開始日（故人の死亡日）を記入
⑦ 申告期限内に申告する場合は「4.確定申告」に○をつける
⑧ 故人、相続人の住所、氏名を記入

クレジットカード納付

クレジットカード納付とは、その名前の通り、クレジットカードを利用して、納税する方法です。利用できるクレジットカードは、Visa、Mastercard、JCB、American Express、Diners Club、TS CUBIC CARDの6種類です。実際の手続は下記URLより行います。

【国税クレジットカードお支払サイト】

https://kokuzei.noufu.jp/

クレジットカード納付の主な注意点

①領収書の発行ができない

②納付税額に応じて、決済手数料がかかる

ホームページ上で、決済手数料がいくらかかるのかをシミュレーションすることも可能です。

ちなみに、クレジットカード納付は、一括払い、分割払い（3回、5回、6回、10回、12回）、リボ払いから支払方法を選択することができます。

ただし、分割払いとリボ払いの場合には、決済手数料の他に、各カード会社が定めている手数料が発生することがあるため、注意が必要です。

よくある質問

Q：利用限度額を教えてください。

A：クレジットカード納付手続の一度ごとの利用可能額は1000万円未満、かつ、利用するクレジットカードの決済可能額以下です。ただし、納税額を分割して納付手続を行うことで、1000万円を超える税額についても納付が可能です。

クレジットカードの決済手数料に注意！

納付税額	決済手数料（税込）
1円 ～ 10,000円	83円
10,001円 ～ 20,000円	167円
20,001円 ～ 30,000円	250円
30,001円 ～ 40,000円	334円
40,001円 ～ 50,000円	418円

※以降も10,000円を超えるごとに決済手数料が加算されます

Q：クレジットカードのポイントはつきますか。

A：クレジットカード納付を利用すると、納付額に応じて、ポイントやマイルが貯まります。ただし、ここで注意しなければいけないことが2点あります。

注意点その1　決済手数料との比較

前述した通り、クレジットカード納付には決済手数料がかかります。

その額は納税額に対して、0.836％（税込）です。クレジットカードの平均ポイント還元率は0.5％といわれているので、**クレジットカード納付をする場合には、利用するクレジットカードのポイント還元率が決済手数料率を上回っているか確認が必要**です。

注意点その2　税金の支払いはポイント還元率が違う場合も

通常、ポイント還元率が1％のクレジットカードであっても、**税金の支払い（その他、病院での医療費の支払い、公共料金の支払いなど）では、ポイント還元率が0.5％と半減してしまうようなカードもあります。**

どのクレジットカードを利用して、納付をするかは慎重な検討が必要です。また、カード会社の取り扱いは随時変更されますので、クレジットカード納付を利用する際は、必ず使用するカード会社に事前にご確認ください！

コラム6

税務調査で質問されること8選

相続税の税務調査では、「これって税金に関係あるの？」と疑問に思ってしまうような質問をたくさんされます。ただ、これはすべて相続税に関係のある質問です。１つずつ解説していきます。

①故人と相続人の生い立ち

故人の生まれから、学生時代、初めての就職から定年退職、そして老後の生活まで、過去の生い立ちについて根掘り葉掘り質問されます。この質問は、故人だけでなく、相続人（特に配偶者）に対しても行われます。税務調査は朝10時から16時頃まで行うのが一般的ですが、この生い立ちの質問だけで午前中を使い切ることが多いです。

調査官は、生い立ちを聞きながら、手書きの年表を作っていきます。これが、後々の質問で矛盾した回答をできなくするための外堀となっていきます。また、このときに故人と相続人が、どの地域に住んでいたのかを把握し、銀行口座を隠していないかの調査に使っていくことになります。2021年現在では、税務署でも、国民１人１人の銀行口座の情報を一元管理はできていないようです。地域で当たりをつけ、片っ端から照会をかけていくそうです。

②亡くなる直前の状況

人の最期の瞬間は、十人十色です。病室で家族に見守られながら息を引き取る方もいれば、昨日まで元気だったのに朝起きたら布団の中で冷たくなっていた方もいます。調査官は、故人が最期の瞬間をどのように迎えたかを根掘り葉掘り質問してきます。その質問に答える遺族の方は、当時を思い出し、感極まって泣いてしまう方もいらっしゃいます。

ただ、これはあくまで税務調査。この質問も、相続税の追徴課税につながる布石として行われています。

この質問の狙いは、相続開始直前に引き出した預金の使い道や、直前に行われた生前贈与の有効性を判断するためのものです。

例えば、長年寝たきり状態が続いた方が亡くなった場合、その寝たきりだった期間中に、その方の通帳から現金引き出しがあれば、それは亡くなった本人が行ったものではなく、通帳を管理していた家族が行ったものということになります。そのため、その現金の使い道について、相続人が「わからない」と言うことはできません。

他にも、亡くなる直前の昏睡状態の期間中に、本人の通帳から親族へ110万円のお金の振込があった場合にも、昏睡状態の中では「贈与する」という意思表示はできないため、贈与の事実がなかったと認定されます。税務署から贈与と認められるためには、「あげた・もらったの約束」ができていたことが要件になります。このあたりは『ぶっちゃけ相続』をご参照ください。

このように、本人が自分自身で預金を動かすことができない期間における入出金の記録は、調査官から厳しく追及されることになります。必ずその経緯や使途を明確にしておきましょう。

③故人の趣味

故人の生前の趣味から、申告漏れの財産がないかの確認が行われます。

ゴルフ➡ゴルフ会員権の申告漏れはないか

海外旅行➡外国に申告していない預金口座等はないか

絵画や骨董品➡適正な評価額で申告しているか

④ギャンブルは好きだったか

過去の預金通帳から多額の不明出金があった場合に、「ギャンブルで使った」という言い逃れをできなくさせるための質問です。

⑤貸金庫の中身

故人や相続人が貸金庫を契約している場合は、必ず調査官と一緒に銀行まで足を運び、中身の確認を行います。なお、貸金庫の開扉記録を調査官は見ることができるため、税務調査の直前に開扉している場合には、その理由について深く追及されることになります。

⑥故人の手帳や日記帳について

例えば、子供名義の銀行口座から現金引き出しがされた日に、故人がその銀行に行っていたことが、手帳等から確認された場合、その現金引き出しを行ったのは、子供ではなく故人であったと推測されます。子供名義の通帳であるのに、管理は故人が行っていたとしたら、その通帳の預金は、故人の財産であったと認定され、遺産としてカウントされる可能性があります。

⑦印鑑の印影

税務調査が行われると、「今、この家にあるすべての印鑑を出してもらえますか？」と言われます。指示に従い、印鑑を渡すと、調査官は「印影をいただきますね」と言いながら、印影を取っていきます。このとき、最初の１回目は朱肉を使わずに印影を取ります。

おっちょこちょいな調査官なのかと思いきや、これはあえてそのようにしているのです。

朱肉を使わずに印影が取れた場合、その印鑑は最近使用したと推定されます。税務調査は、実際に相続が発生してから２年後くらいに行われます。

故人の実印は、基本的に亡くなった後に使う機会はなくなるはずです。それにもかかわらず、故人の実印が最近使われたというのは、契約書のバックデイト等の疑いが浮上します。

バックデイトとは、過去から契約書が存在するように見せかけて、本当は日付を遡って契約書を作成するという文書偽造行為です。昔から贈与契約書があったと見せかけるために、税務調査直前に贈与契約書を偽造する人がいるので、このような調査が行われます。

⑧調査官は、既に知っていることも質問する

事前に調べていて調査官が知っていることでも、知らないふりをして質問してきます。これは、調査を受けている相続人が嘘をつく人なのかどうかを調べるために行います。調査官に嘘をつくような人には、重加算税という非常に重いペナルティが課されるので、そういったことは絶対にしないようにしましょう。

第6章

特殊相続の手続

第６章の主な内容

- 相続人の中に、認知症の方や障害をお持ちの方がいたら？
- 相続税が0円に？ 障害者控除の活用ポイントは？
- 未成年者の相続手続の注意点――利益相反とは？
- トラブル多発？ 未成年の孫を養子にするときの注意点とは？
- 認知症対策の救世主、家族信託のメリットと活用法は？

\ぶっちゃけ/

64 認知症や障害を持った相続人がいる場合の相続手続

相続人の中に、認知症の方や障害をお持ちの方が存在する場合の手続については、通常の手続にプラスして、代理人の選任をしなければいけない場合があります。また、**相続税申告においては、障害をお持ちの方の生活の保護を目的として、優遇措置も設けられています。**

遺産分割協議には成年後見人等の選任が必要？

認知症や知的障害、精神障害によって、判断能力が不十分なため、遺産分割協議に参加することが難しい相続人がいる場合には、成年後見制度を利用し、その相続人の代理人を選任したうえで遺産分割協議を行う必要があります。

成年後見制度とは？

知的障害等がある方は、契約内容を十分に理解できないことで、不利益な契約をしてしまう可能性があります。このような方を保護し、支援する制度を成年後見制度といいます。**成年後見制度は、「任意後見」と「法定後見」の２つに分類**されます。

任意後見制度

今現在、判断能力が十分にある方が、自分自身の判断能力が低下したときに備えて、事前に自ら後見人を選んで、契約を結ぶ制度のことです。誰に何を支援してもらうか具体的に決定したうえで、後見契約を結び、実際に判断能力が低下・喪失したときに後見を開始する形になります。この契約は必ず公証役場で行う必要があります。

法定後見制度

既に判断能力が低下して、自身で財産管理等を十分に行うことができない方に、本人に代わって配偶者や子供などが申立てを行い、後見人を選任する制度です。

さらに、法定後見制度では、選任の申立てを受けた家庭裁判所が判断能力に応じて、**補助、保佐、後見の３つの類型から適切なものを選択**し、状況に応じた支援を行います。

「補助」は、判断能力がある程度低下してしまった人に適用されるもので、３つの類型の中では最も軽度なものです。補助の対象になる方は、日常生活には特段問題がない方が多いため、被補助人は１人で行うことが難しい事柄に限って、必要に応じて補助人にサポートをお願いします。そのため補助人には、包括的に権限が付与されるわけではなく、必要に応じて個別に代理権や同意権が付与されます。

「保佐」は、判断能力が相当程度低下してしまった人に適用されるもので、３つの類型の中間に位置します。保佐の対象になる方は、重要な法律行為（不動産の取引や遺産分割協議、金銭の貸し借りなど）についてサポートを必要とする状態にあるため、保佐人は、被保佐人が行った法律行為を完全に有効にする同意権と、それを取り消すための取消権を有します。

「後見」は、判断能力がほとんどなくなってしまった人に適用されるもので、３つの類型の中で最も重いものです。後見の対象になる方については、さまざまな不利益から法的に広く保護することが重視されています。そのため、後見人は、被後見人に代わって法律行為を行う代理権と被後見人が行った法律行為を取り消すための取消権を有します。

ちなみに、成年後見制度のうち、最も利用者数の多い類型であり、**利用者全体の約８割がこの「後見」を利用**しています。

５人に１人が認知症になる？

2025年には、高齢者のうち５人に１人が認知症になるという推計もあります。つまり、これからの相続手続において、成年後見制度の利用が必要になるケースは決して珍しいケースではなくなると予想されます。

成年後見制度が不必要なケース

たとえ身体に障害をお持ちであっても、判断能力がしっかりしていて、相続財産の内容を理解したうえで、遺産分割協議に参加することが可能であれば、その方については成年後見人等の選任は不要です。

\ぶっちゃけ/

65 成年後見制度の申立手続
——時間がかかるので、早め早めに行動

それでは、成年後見制度の利用が必要になった場合、どのように手続を行えば良いか見ていきましょう。

成年後見人等の選任方法

成年後見人等の選任は、本人の住所地を管轄する家庭裁判所に申立てをします。

申立人になれるのは、本人、配偶者、四親等内の親族等です。成年後見人等には、親族に限らず、弁護士や司法書士、社会福祉士などの専門家が選任される場合もあります。

成年後見人等になるための資格等は特にありませんが、**成年後見人等は、申立てのきっかけとなったこと（不動産の取引や遺産分割協議、金銭の貸し借りなど）が終わった後も、本人が亡くなるか、判断能力が回復するまで職務が続く**ことになるため、注意が必要です。

選任手続には、申立手数料として800円、登記手数料として2600円分の収入印紙が必要になります。また、連絡用の切手も必要です。後述しますが、本人に判断能力がどの程度あるかを医学的に判定するため、鑑定という手続が行われる場合があります。この場合、鑑定費用として、10～20万円の費用がかかります。

必要書類

- 後見・保佐・補助開始等申立書
- 申立事情説明書
- 親族関係図
- 本人の財産目録およびその資料

●相続財産目録およびその資料
●診断書
●本人の戸籍謄本、住民票（本籍地は任意。マイナンバーはNG）

成年後見人等の申立てを行うための「後見・保佐・補助開始等申立書」は裁判所のホームページから入手が可能です。

選任の流れ

一般的な選任までの流れは下記の通りです。

申立てがされると、家庭裁判所は、必要書類がすべて揃っているか、必要な事項がきちんと記載されているか、を審査します。

書類の内容によっては、本人や親族に、成年後見人等候補者の申立てに至った事情などを面接し、照会することがあります。

また、本人の判断能力を判定するために行う鑑定は、申立て時に提

成年後見人等の選任の流れ

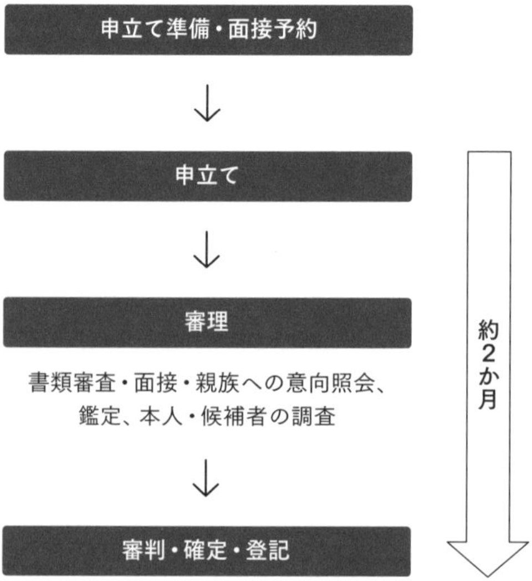

出する診断書とは別に、家庭裁判所が医師に鑑定を依頼し、実施されます。**法律上、後見・保佐の場合には原則、鑑定が必要となりますが、診断書の内容などに応じて、省略されることもあります。**

さらに、本人の意思を尊重するため、申立て内容などについて本人からの意見を伺う本人調査や成年後見人等候補者の適格性に関する調査もあわせて実施される場合があります。

鑑定や調査が終了すると、家庭裁判所は、後見等の開始を審判し、最も適任と思われる成年後見人等を選任します。後見等開始審判の確定後、家庭裁判所が、法務局に審判内容を登記してもらうように依頼し、成年後見人等の職務が開始されます。

一般的に、申立てから審判までおおむね1か月～2か月かかるといわれていますが、申立てをした事案の内容に応じては、2か月以上かかる場合もありますので、成年後見人等の選任が必要なときは、相続税の申告期限に余裕をもって手続を開始する必要があります。

家族は後見人になれない？

弁護士や司法書士等の専門家が後見人となる場合には、毎月2万円～6万円ほどの手数料が生じます。後見制度は一度始めると、本人が亡くなるか、判断能力が回復するまでやめることはできません。そのため、できるだけ費用を抑えるべく、親族を後見人に選任したいと考える方が多いです。

しかし、後見人による財産の横領事件が多発したため、**法定後見制度の場合、本人に数千万円以上の財産があるような場合には、親族ではなく専門家が選任される可能性が高い**です。その点、任意後見制度であれば、好きな親族に後見人を任せることができます。先を見越して対策を考えていきましょう。

＼ぶっちゃけ／

66 相続税が０円に？障害者控除を使おう

障害者の相続人が財産を相続すると障害者控除が使える

障害をお持ちの方が相続人となった場合、相続税額を一定額減額できる「障害者控除」という制度があります。相続税の負担が、障害者の生活にまで影響を及ぼすことを防止するために設けられた制度です。

具体的な控除額

いくら減額されるかについては、障害をお持ちの方が財産を相続したときの年齢および障害の等級に応じて異なります。計算方法は下記の通りです。

控除額＝（85歳－相続時の年齢）×

- 一般障害者の場合　10万円
- 特別障害者の場合　20万円

※相続時の年齢は切り捨てで計算　例：６歳８か月で相続→６歳

相続した年齢から85歳に達するまで、１年あたり10万円（特別障害者の場合には20万円）減額できるしくみです。

なお、一般障害者および特別障害者の定義は下記の通りです。

一般障害者：

身体障害者手帳上の障害等級が３～６級または精神障害者保健福祉手帳上の障害等級が２級もしくは３級等

特別障害者：

身体障害者手帳上の障害等級が１級または２級もしくは精神障害者保健福祉手帳上の障害等級が１級等

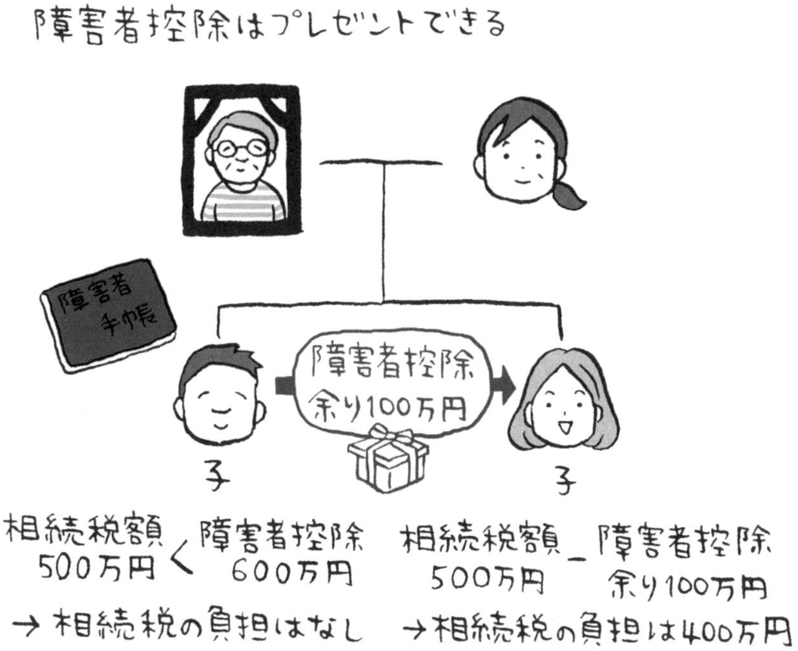

また、前述の計算式を用いて計算した減額できる金額が、障害者本人の相続税額を超える場合、超過分は障害者の扶養義務者の相続税額から控除することができます。

ちなみに、扶養義務者とは、父母、祖父母、兄弟姉妹をいいます。また、三親等内の親族で、家庭裁判所が扶養義務者と定めた人や家庭裁判所の審判を受けていないが障害者と生計を一緒にしている三親等内の親族も含まれます。また、扶養義務者は１人だけでなく複数人が該当することもあります。例えば、長男の障害者控除の余りを次男と三男から減額することが可能です。なお、**扶養義務者であれば、実際には別生計であっても、この取り扱いを受けることが可能**です。

控除の適用要件

①相続または遺贈により財産を取得すること
②法定相続人であること
③相続開始日に障害者であること
④相続開始日に日本国内に住所があること

陥りがちな注意点　その1

適用要件①の財産の取得要件はとても大切な論点です。

例えば、「障害者である相続人に係る生活費等の費用はすべて別の相続人が負担していくこと」とし、**障害者である方に、財産をまったく相続させないとした場合、障害者控除の適用を受けることはできません。**もちろん、その場合には、余りが生じることもないので、扶養義務者から減額できる障害者控除もないということになります。障害者控除の適用を受けたければ、1万円でもいいので、障害者である相続人に財産を相続させる必要があります。

陥りがちな注意点　その2

適用要件③の障害者に該当するかどうかの判定時期は、相続開始の日。つまり、お亡くなりになった日です。ただし、**この時点で、障害者手帳を所有していないからといって、障害者控除の適用を諦めてはいけません。**次の要件をどちらも満たす場合には、お亡くなりになった日に障害者手帳を所有していなかった場合でも、適用を受けることができます。

（1）相続税の申告書を提出する時点で、障害者手帳の交付を受けている、または障害者手帳の交付申請をしていること
（2）医師の診断書により、お亡くなりになった日において、障害者手帳の交付を受けることができる程度の障害があったと認められる者であること

陥りがちな注意点　その3

見落としがちですが、適用要件③の障害者には、身体障害者手帳・精神障害者保健福祉手帳を所有している方のほか、療育《りょういく》手帳を所有している方も含まれます。療育手帳とは、児童相談所、または知的障害者更生相談所において、知的障害があると判定された方に交付される手帳のことです。

一般的には、特別障害者にあたる重度の方をA、一般障害者にあたる軽度の方をBと区分しますが、運用が各自治体に委ねられていることから、独自の区分が存在する自治体もあります。**療育手帳をもとに、障害者控除を適用する場合には、事前に区分を確認しておきましょう。**

陥りがちな注意点　その4

障害年金の給付を受けている方であっても、障害者手帳がない場合には、障害者控除は受けられません。この2つの制度は、名前や等級がある点は似ていますが、まったくの別制度です。障害者控除を受けるためには、障害者手帳の申請が必要になります。

相続税の申告が不要に？

障害者控除によりすべての相続人の納税額が0円になれば、相続税申告そのものが不要になります。

ただ、本当に納税額が0円になるかどうかを確認してもらうためや、税務調査への不安をなくすために、あえて税理士に計算を依頼する方も多くいらっしゃいます。

申告を税理士に依頼するかどうかで、税理士に支払う報酬が変わりますので慎重に判断しましょう。

なお、障害者控除は、遺産分割が完了していない、いわゆる未分割による申告をする際にも適用が可能です。

＼ぶっちゃけ／

67 認知症対策の救世主！家族信託とは？

不動産にまつわる法律の基礎知識——所有権とは？

不動産の所有者には、**所有権**《しょゆうけん》という権利があります。この所有権は、さらに2つの権利に分解することができます。

1つは、その不動産を管理する権利です。例えば、その不動産を修繕したり、建て替えたり、売ったりすることを決めることができる権利です。自分が買った不動産を、他人が勝手に建て替えたりしたら困りますよね。その物件を管理することができるのは所有権を持った人だけです。

2つ目の権利が、その不動産から得られるお金をもらう権利です。

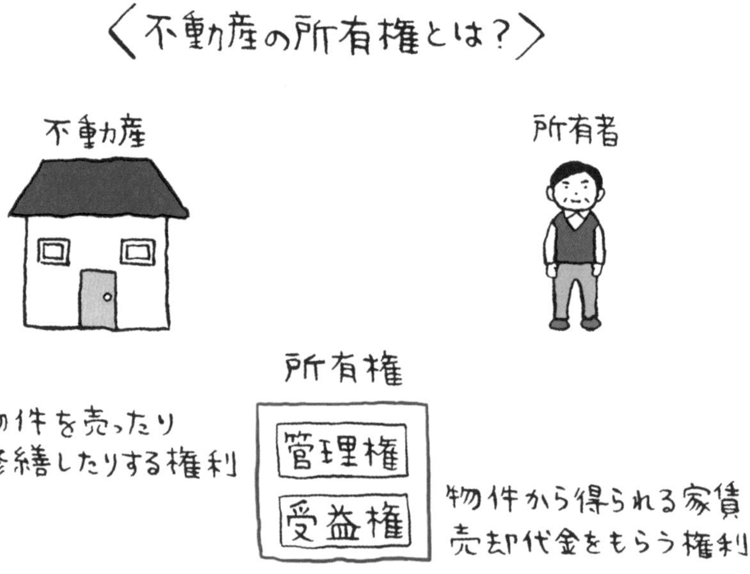

例えば、その不動産から得られる家賃や、その不動産を売却した際の売却代金は、所有権を持った人のお金となります。このお金を自分のものにできる権利のことを、受益権《じゅえきけん》といいます（お金をもらう権利と覚えておけばOKです）。このように所有権は①管理権と②受益権の２つから構成されています。

不動産の所有者が認知症になったら？

それでは、もしも不動産の所有者である父が認知症などにより、判断能力が低下してしまった場合、その家族は、父の不動産を代わりに売却することができるのでしょうか？

正解は、原則として父の代わりに売却することはできません！

父が認知症になったとしても、その物件の所有権は父が持っています。**財産を売却したり、修繕したりすることを決められるのは、所有権を持った人だけです。たとえ親族であっても、父の了解を得ずに（つまり勝手に）売却することはできない**のです。

家屋は時間の経過により価値が下がっていくため、高値で売れるうちに売っておきたいと考える人は多いのですが、所有者が認知症になってしまうと、親族の意向だけでは売ることはできなくなります。

売却も建て替えもできないこともある？

判断能力がなくなってしまった方の代理をするためには、216ページで紹介した、成年後見制度を利用する必要があります。

では、後見人に頼めば、その人の不動産を売却することができるのかというと、実は後見人に頼んでも売却できない可能性があります。

後見人は、その人の財産を守ることが役目であり、財産を運用したり、組み替えたりすることが役目ではありません。**「不動産を売却しないと施設入居費用が工面できない」等の合理的な理由があると認められる場合を除き、家庭裁判所から売却の許可が下りない可能性が高**

いのです。

こうして、不動産を売却することも建て替えたりすることもできなくなってしまうのです。このような状態をデッドロックといいます。

私はこれまで、多くの方の相続の相談にのってきましたが、多くの方が、**ピンピンコロリ（亡くなる直前まで元気で、急に亡くなってしまうこと）が前提で、相続対策を考えていらっしゃいます。**しかし、注意をしなければいけないのは、認知症などの症状が進んでしまった場合、そこから先は、相続対策は一切できなくなるということです。

現在、厚生労働省のデータによれば、なんと65歳以上の28％は、すでに認知症であるかその疑いがあるのです。相続専門の税理士として、お伝えしたい非常に大切なことは、**「相続対策よりも、認知症対策のほうが緊急度、重要度が高い！」**ということです。

家族信託を活用しましょう

認知症への備えとして、今、非常に注目されているのが家族信託です。この家族信託は、後見制度の良いところだけを抽出した、とても使い勝手のよいしくみです。

一言でいうと、**「財産の所有権のうち、管理する権利だけを信頼できる家族に託す」という契約**です。先ほど、所有権には管理をする権利と受益権があると説明しました。この２つの権利のうち、管理をする権利だけを移すのです。受益権はそのまま所有者に残しておきます。そうすることによって、不動産の管理は信頼できる家族に任せて、家賃や売却代金はそのまま所有者が得る形になります。

家族信託により、管理をする権利を父から長男に移管した後、その不動産を実際に売却することにしました。この場合、不動産会社で買主を探し、売却金額の交渉や、売買契約書にサインをするのは、長男です。しかし、売却代金は父のものになりますし、所得税の確定申告も父の所得として申告することになります（申告手続を家族が代行す

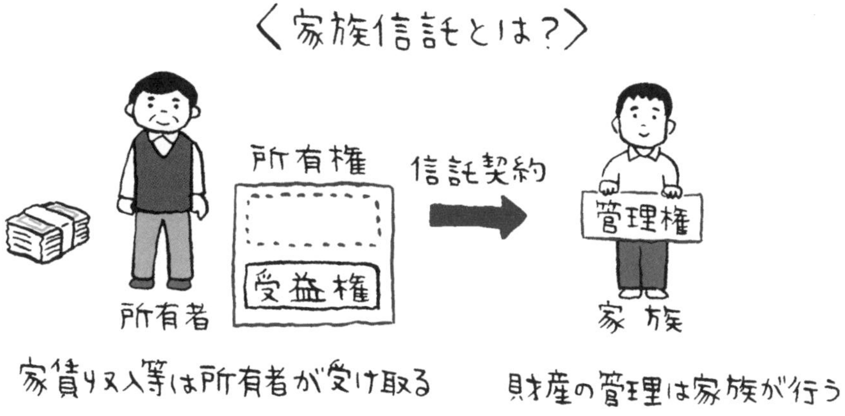

るのはOKです）。家族信託契約が設定されたままの不動産を買う人はいませんので、売却に際して、家族信託契約は終了させることになります。

信託銀行ではなく、信頼できる家族に託すのが、家族信託の特徴です。現在の家族信託は、平成19年の法改正によりできたばかりで認知度はまだ低いですが、徐々に世の中に認知されはじめています。

家族信託にまつわる税金（生前贈与との比較）

これまで、不動産の管理をすべて引き継がせるには、所有権を丸ごと移す、生前贈与という方法が主流でした。生前贈与では、所有権を丸ごと移すので、受益権も移すことになります。この場合には当然、**多額の贈与税の負担が発生**するのです。

また、贈与税だけではなく、不動産取得税や登録免許税という別の税金もかかります。さらに贈与税申告書の作成を税理士に依頼すれば、その税理士に支払う報酬も発生します。一方で、家族信託はどうかというと、**管理する権利だけを移し、受益権を動かさない契約であれば、贈与税はかかりません。また不動産取得税も非課税**です。登録免許税

生前贈与と家族信託の違い

	生前贈与 不動産の管理権、 受益権も長男が持つ	**家族信託** 不動産の受益権は父、 管理権は長男が持つ
贈与税	課税	非課税
不動産取得税	課税	非課税
登録免許税	課税（2%）	課税（土地0.3% 建物0.4%）※
所有権移転登記	必要	必要
司法書士報酬	必要	必要
税理士報酬	必要 （贈与税申告依頼時）	不要
家賃をもらう人	長男	父
物件の管理	長男が管理	長男が管理 （父の合意を必要とさせることも可能）

※固定資産税評価額に対して

はかかりますが、生前贈与の場合と比べるとその負担は5分の1です。

生前贈与と比べると家族信託はリーズナブルにできるため、人気が高まってきています。また、信託銀行に依頼をしないので、毎年の手数料もかかりません。

遺言書の代わりとしても使えます

例えば、父から長男へ、不動産を管理する権利を家族信託によって移しておきます。その後、父が亡くなったときに受益権は母に移転させることを、あらかじめ契約に織り込んでおくことができます。結果として、父に相続が起きた後には、管理は長男が行い、家賃収入は母に帰属するような形にできるのです。統計的に、**認知症は女性のほう**

が発症率が高いため、自分の死後に妻の収入確保を心配される人にとっては、非常に安心感のある形です。そのため、多くの人がこの形の家族信託を選んでいます。

家族信託のデメリット

ずばり、世の中からの認知度が低いこと、対応できる専門家が少ないことが挙げられます。平成19年からスタートした制度なので、まだまだ普及が進んでいるとは言い難《がた》いのが現状です。相談の際は、家族信託の実績が豊富にある専門家を選びましょう。

\ぶっちゃけ/

68 相続人に未成年者がいる場合には特別代理人が必要

不慮の事故などによって、若くしてお亡くなりになった場合や、お孫さんを養子縁組しているような場合には、相続人の中に、未成年者が含まれる場合があります。ここでは、相続人の中に未成年者がいる場合の相続手続の注意点を解説していきます。

未成年者とは？

満20歳に達していない人をいいます。ただし、20歳未満であっても、婚姻をすると法律上は成人とみなされます。また、民法改正によって、成人年齢が引き下げられるため、2022年4月1日以降は、18歳未満が未成年者となります。

未成年者は、親などの法定代理人の同意を得なければ、原則として、契約などの法律行為をすることができません。身近な例として、未成年者が携帯電話を契約する際、親に同意してもらう必要があるのは、そのためです。また、未成年者が単独で行った法律行為は、取り消すこともできます。

産まれる前の胎児も相続権を有する

また、**相続の場面では、産まれる前の胎児も、既に産まれたものとみなされ、相続権を有します。**産まれた日が数日違うだけで、相続人となる・ならないが変わるのは、不公平だと考えられるためです。

遺産分割協議には特別代理人の選任が必要？

まず注意をしなければいけないのが、遺産分割協議の場面です。遺産分割協議は、法律行為に該当するため、未成年者自身が参加するこ

とはできず、法定代理人である親権者が代わりに参加することになります。

しかし、**上図のように親権者も未成年者と同時に相続人になるような場合には、代理人となることができません。これは、親権者である母と未成年者である子供の間で利益相反が生じるため**です。

利益相反とは？

一言でいうと、利害が対立している関係にあることをいいます。上図の場合であれば、母の取得分を増やすことにより、子供の取得分は減少します。反対に、母の取得分を減らすことにより、子供の取得分を増加させることができます。

ある行為が一方にとっては利益になるが、もう一方にとって不利益になる状態を利益相反といいます。

このような状態で、母が代理人となった場合には、自身の利益を優先して、子供の取得分をなくすことも可能となり、子供が不利益を被る危険性が生じます。親権者が未成年者と同時に相続人となる場合に、代理人となることができないのは、このような理由からです。

ちなみに、未成年者が相続人となるような場合であっても、**親権者が同時に相続人とならない下図のようなケースには、利害が対立しないことから、親権者が代理で遺産分割協議を進めることができます。**

それでは、親権者が未成年者と同時に相続人となる利益相反に該当するケースでは、どのような手続が必要になるのか、解説していきます。

特別代理人の選任

親権者である親が、子供との間で利益相反関係にある場合には、子供のために特別代理人を選任することを家庭裁判所に請求しなければいけません。

特別代理人の選任をせずに遺産分割協議を行った場合、その遺産分割協議は、無権代理行為として無効になる場合があります。無権代理行為とは、代理人としての権利がないにもかかわらず、勝手に代理人

として行った行為のことをいいます。
この行為は、子供が成人した後に、「私が未成年のときに行った遺産分割協議は、代理人ではない人がしたものだから、無効にしてください！」と主張すれば無効となり、遺産分割協議を最初からやり直すことになります。
つまり、**特別代理人を選任せずに行った遺産分割協議は、まったく意味のないものになる可能性がある**のです。

特別代理人をつけずに手続すると？

「私の家では誰も文句なんて言わないし、こんな形式ばったやり方をしなくてもいいわ」
このように特別代理人をつけずに手続をしようとする方がいますが、故人の預金口座の凍結解除や、不動産の名義変更をする際には、遺言書か遺産分割協議書が必ず求められます。そのときに**未成年者の署名押印だけでは金融機関も法務局も受理してくれません。**
ちなみに、未成年ではあるものの、「相続のことは理解できるし、遺産分割協議に参加したい」と子が自ら主張した場合であっても、特別代理人の選任は必要です。
このように最終的には、未成年の相続人がいる以上、特別代理人は必ず選任しなければなりませんので、あらかじめそのつもりで行動しましょう。

特別代理人になれる人

特別代理人とは、遺産分割協議において、判断力が未熟である未成年者に代わって、その子供の利益を守るために立てる代理人のことをいいます。特別代理人は、家庭裁判所の審判を受けた行為にのみ、代理人となることができるため、**遺産分割協議が終了した時点で、特別代理人の任務は終了**します。

特別代理人となるために、特に資格は必要ありませんが、利害が対立していない相続人以外の人から選任する必要があります。また、未成年の子が２人以上いるのであれば、それぞれ別々の特別代理人を選任する必要があります。一般的には、成人している親族が特別代理人となるケースが多いですが、親族に候補者がいない場合には、司法書士や弁護士、行政書士などの専門家に依頼するケースもあります。

選任の方法

特別代理人の選任は、未成年者の住所地を管轄する家庭裁判所に申立てをします。申立人になれるのは、親権者もしくは利害関係者（親権者と未成年者以外の相続人など）です。未成年者１人につき、収入印紙800円と連絡用の切手が必要になります。

必要書類

- 特別代理人選任申立書
- 未成年者の戸籍謄本
- 親権者の戸籍謄本
- 特別代理人候補者の住民票（本籍地は任意。マイナンバーはNG）
- 遺産分割協議書案など

特別代理人選任申立書は、裁判所のホームページから入手が可能です。申立書と聞くと、記載内容が難しそうに感じますが、難易度は高くありません。

また、**遺産分割協議書案も一緒に提出をする必要があります。未成年者に不利な内容であれば、変更を求められたり、却下されたりする場合もあるため、法定相続分通りとするのが原則**です。

しかし、個別具体的な事情（子供がまだ幼く、成人するまで長期間に及ぶ場合など）を勘案したうえで、柔軟に対応してくれるケースもありますので、未成年者にとって不利な内容になるようであれば、その理由について上申書を遺産分割協議書案と一緒に提出します。

私がこれまで見てきたケースでは、子の年齢が幼いほど、配偶者が相続できる割合が多くなる印象があります。実際に、**配偶者が9、子（3歳）が1という割合で家庭裁判所から許可が下りたこともありました。**

しかし、相続人が前妻（夫）の子と後妻（夫）となる場合においては、法定相続分になる可能性が高いと言えるでしょう。

選任までの流れ

一般的な選任までの流れは、下記の通りです。申立書を提出すると、審理が開始されます。審理の最大のポイントは、未成年者にとって不利なものではないかどうかです。その後、裁判官の判断により、審判が下されます。

特別代理人の選任の流れ

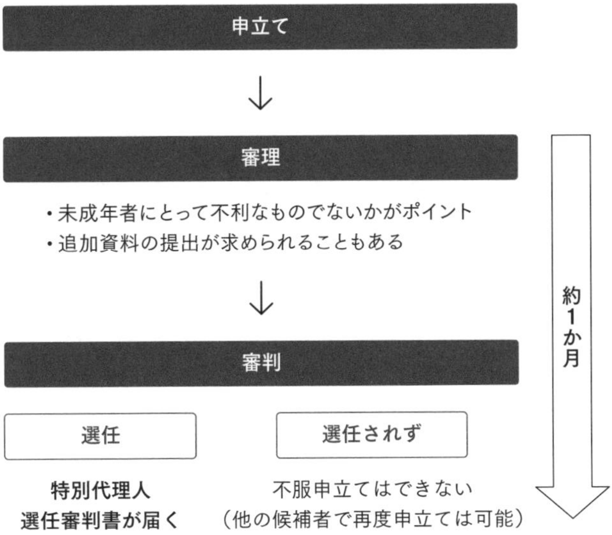

特別代理人選任申立書の記入例①

受付印	特別代理人選任申立書
	（この欄に収入印紙800円分を貼ってください。） （貼った印紙に押印しないでください。）
収入印紙　　円	
予納郵便切手　　円	

準口頭		関連事件番号　平成・令和　　年（家　　）第　　号

○○○ 家庭裁判所 御中 令和 ○ 年 ○ 月 ○ 日	申立人の記名押印	円満竹子　（円満）

添付書類	（同じ書類は１通で足ります。審理のために必要な場合は，追加書類の提出をお願いすることがあります。） ☑ 未成年者の戸籍謄本（全部事項証明書） ☑ 親権者又は未成年後見人の戸籍謄本（全部事項証明書） ☑ 特別代理人候補者の住民票又は戸籍附票 ☑ 利益相反に関する資料（遺産分割協議書案，契約書案等） □（利害関係人からの申立ての場合）利害関係を証する資料 □

申立人	住所	〒○○○－○○○○　電話 ○○○（○○○○）○○○○ ○○県○○市○○町○番○号　（　　方）			
	フリガナ 氏名	円満竹子《エンマンタケコ》	（昭和）平成 令和 ○年 ○月 ○日生（○○歳）	職業	会社員
	フリガナ 氏名		昭和 平成 令和　年　月　日生（　歳）	職業	
	未成年者との関係	※ 1 父母　2 父　（3 母）　4 後見人　5 利害関係人			
未成年者	本籍 （国籍）	○○ 都道府（県） ○○市○○町○丁目○番地			
	住所	〒　－　電話（　） 申立人の住所と同じ　（　　方）			
	フリガナ 氏名	円満元気《エンマンゲンキ》	（平成）令和 ○年 ○月 ○日生（14歳）		
	職業又は在校名	○○中学校			

（注）　太枠の中だけ記入してください。　※の部分は，当てはまる番号を○で囲んでください。

申立人と未成年者の情報を記入します

特代（1/2）

（942060）

特別代理人選任申立書の記入例②

申　立　て　の　趣　旨
特別代理人の選任を求める。

申　立　て　の　理　由	
利益相反する者	利益相反行為の内容
※ ①　親権者と未成年者との間で利益が相反する。 2　同一親権に服する他の子と未成年者との間で利益が相反する。 3　後見人と未成年者との間で利益が相反する。 4　その他（　　　　）	※ ①　被相続人亡　円満太郎　の遺産を分割するため 2　被相続人亡　　　　の相続を放棄するため 3　身分関係存否確定の調停・訴訟の申立てをするため 4　未成年者の所有する物件に　1　抵当権　2　根抵当権　を設定するため 5　その他（　　　　） （その詳細） 申立人の夫、未成年者の父である被相続人、亡太郎の遺産につき、遺産分割の協議をするため

申立ての理由を記入します

特別代理人候補者				
住　所	〒○○○－○○○○　電話　○○○（○○○○）○○○○ ○○県○○市○○町○番○号（　　　方）			
フリガナ 氏　名	民法正《ミンポウタダシ》	（昭和）平成　○年○月○日生（○○歳）	職　業	自営業
未成年者との関係	母方の叔父			

（注）　太枠の中だけ記入してください。　※の部分については，当てはまる番号を○で囲み　利益相反する者欄の４及び利益相反行為の内容欄の５を選んだ場合には，（　　）内に具体的に記入し

特別代理人の情報を記入します

特代（2/2）

選任された場合には、「特別代理人選任審判書」が送付されます。これは、特別代理人に選任されたことを証明する書面です。これが送付されてきたら、あらかじめ裁判所に了承を得ていた遺産分割協議書案にその他の相続人とあわせて署名・押印を行い、遺産分割協議書が完成します。各種名義変更手続には、特別代理人の印鑑証明書も求められますので、あらかじめ多めに用意してもらいましょう。

一般的に、申立てから結果の連絡まで、**約1か月かかる**といわれています。申立てする家庭裁判所の混雑具合によっては、これ以上かかることもありますので、相続人の中に未成年者がいる場合で、特別代理人の選任が必要なときは、**相続税の申告期限に余裕をもって手続を開始する必要があります。**

\ぶっちゃけ/

69 相続税の未成年者控除は「プレゼント」できる！

未成年者控除とは？

未成年者が相続人となった場合、相続税額を一定額減額できる「未成年者控除」という制度があります。これは、成人するまでの教育費や養育のための資金を考えて、相続税の負担を少なくしてあげようと設けられた制度です。

具体的な控除額

控除については、未成年者が財産を相続したときの年齢によって異なります。

控除額＝（20歳－相続時の年齢）×10万円

※相続時の年齢は切り捨てで計算　例：6歳8か月で相続→6歳

上記の計算式によって算出した控除額が、未成年者本人の相続税額を超える場合には、その超える部分（未成年者控除の余り）については、他の相続人の相続税額から控除することができます。

つまり、**未成年者控除の余りについては、他の相続人にプレゼントすることが可能**です。

ただし、プレゼントを受け取ることができる人は、未成年者の扶養義務者と決められています。未成年者の今後の養育に係る費用は扶養義務者が負担することが想定されます。その御礼として、未成年者控除の余りをプレゼントしていると考えるとわかりやすいかもしれません。ちなみに、扶養義務者とは、父母、祖父母、兄弟姉妹をいいます。

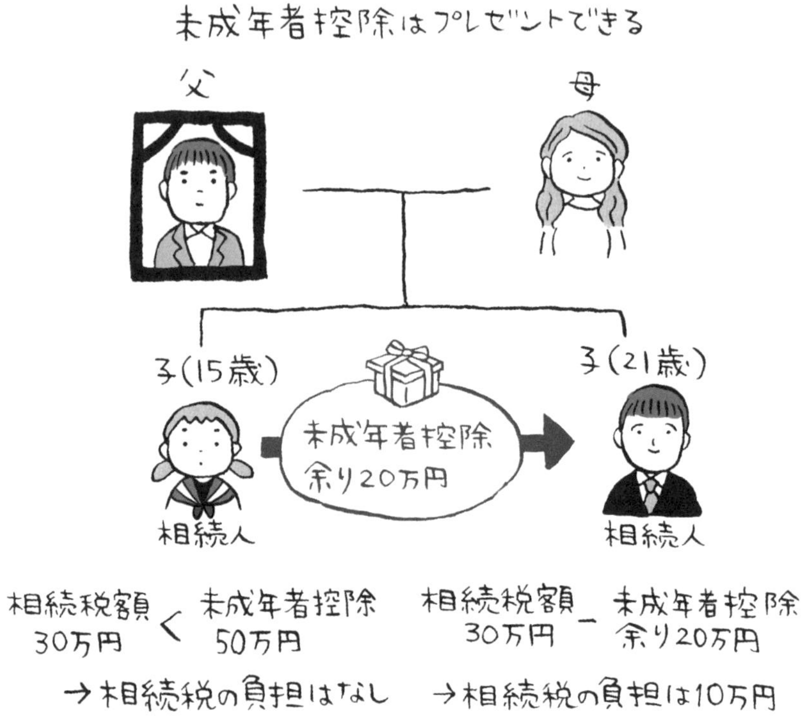

また、三親等内の親族で、家庭裁判所が扶養義務者と定めた人や家庭裁判所の審判を受けていないが未成年者と生計を一緒にしている人も含まれます。扶養義務者は複数人が該当することもあります。また、**扶養義務者であれば、実際に扶養しているかどうかは問われません。**

控除の適用要件

①相続または遺贈により財産を取得すること

②財産を取得する未成年者が法定相続人であること

③財産を取得した時点で、20歳未満であること

④財産を取得した時点で、日本国内に住所があること

陥りがちな注意点

適用要件①の財産の取得要件はとても大切な論点です。例えば、未成年者の養育に係る費用は母が負担していくこととし、**未成年の子供には、まったく財産を相続させないとした場合、未成年者控除の適用はありません。**

もちろん、その場合には、未成年者控除の余りが生じることもないので、扶養義務者にプレゼントできるものもないということになります。

未成年者の今後の生活と未成年者控除の有効活用のバランスを考慮し、未成年者に財産を相続させるべきか、しっかりと検討する必要があります。

令和4年4月1日以後に開始した相続の未成年者控除

成人年齢の引き下げと同時に、相続税の未成年者控除額の計算式の年齢も引き下げられます。

未成年者控除額＝（18歳－相続発生時の年齢）×10万円
※年齢の1年未満は切り捨て　例：16歳3か月→16歳

＼ぶっちゃけ／

70 親権が戻らない？ 未成年の孫を養子にするときは要注意！

養子縁組をすると、相続税を減らす効果があるため「孫を養子にしよう」と考える人がたくさんいます。しかし、安易な考えからこれを実行してしまうと、**手続が非常に大変になることがある**ため注意が必要です。

下手に養子縁組すると、親権が復活しない！

親権者とは、子供の監護《かんご》および財産の管理について権限を有する人のことをいいます。監護とは子供の適切な衣食住を確保するために努めること、財産管理とは子供に代わって預貯金の取引をしたり、契約などの法律行為を代理、同意することをいいます。具体例を使って、解説していきます。

実例解説：養子縁組後の親権者

三郎君の親権者は、父である二郎さんと母であるＢ子さんです。しかし、この度、三郎君を一郎さんとＡ子さんの養子とすることにし、養子縁組を行いました。養子縁組とは、法律上の親子関係を成立させる制度であるため、三郎君の親権者は、これにより、一郎さんとＡ子さんに変わることになります。

ほどなくして、一郎さん、Ａ子さんが相次いでお亡くなりになりました。このとき、三郎君はまだ未成年でした。当然、実の親である二郎さんとＢ子さんが存在するのだから、親権は二郎さんとＢ子さんに戻るのだろうと思う人が多いのですが、**養子縁組をした後に養親・養子の一方が先に死亡した場合でも、養子関係は継続されるため、未成年である孫養子の親権者は養親（一郎さんとＡ子さん）のまま**です。

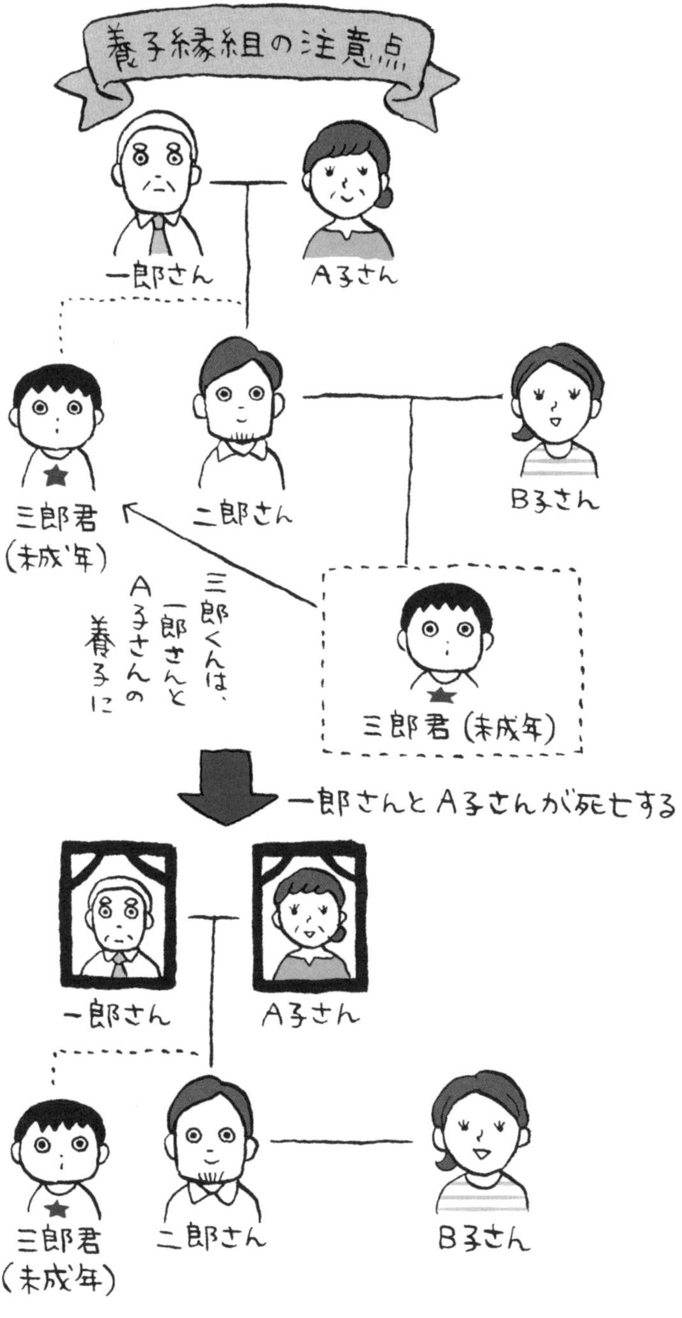
養子縁組の注意点
一郎さん
A子さん
三郎君
（未成年）
二郎さん
B子さん
三郎くんは、一郎さんとA子さんの養子に
三郎君（未成年）
一郎さんとA子さんが死亡する
一郎さん
A子さん
三郎君
（未成年）
二郎さん
B子さん

つまり、**三郎君は親権者がいない状態となります。**

養親の相続手続において、三郎君は親権者がいない状態にあるため、「未成年後見人」を選任するという特別な手続が必要になります。

未成年後見人とは?

未成年後見人とは、未成年者に対して、親権を行う者がいなくなってしまったときに、その未成年者の代理人となる人をいいます。特別代理人は、親権を行う者は存在するが、遺産分割協議の際など、その者と利益相反してしまう場合に選任をするものでした。

一方、**未成年後見人は「親権を行う者がいなくなったときに選任する」**という違いがあります。

そのため、特別代理人は遺産分割協議が終了した時点で、任期が終了するのに対して、未成年後見人は原則、未成年者が成人するまで、後見を続けることになり、その間、家庭裁判所の監督を受けるため、定期的な報告を行う必要があります。

未成年者の生活や財産の状況、後見人候補者の経歴や未成年者との関係など、さまざまな事情を考慮し、未成年者の心身の状態や生活の状況に十分に配慮できる人が選任されます。

実の親でも未成年後見人になれない!?

候補者を立てることができるため、三郎君の場合、二郎さんとB子さんを未成年後見人候補者として申立てすることは可能ですが、**実の親であるからといって必ず許可されるというものではありません。**

未成年者が多額の財産を所有しているような場合には、後見人となった人が未成年者の財産を横領してしまう事態も想定されるため、親族ではなく、弁護士や司法書士などの専門家が選任されることもあります。

選任の方法

未成年後見人の選任は、未成年者の住所地を管轄する家庭裁判所に申立てをします。申立人になれるのは、未成年者本人（意思能力が必要）、未成年者の親族、その他利害関係がある人です。特別代理人の選任と同様に、未成年者１人につき、収入印紙800円と連絡用の切手が必要です。

必要書類

- 未成年後見人選任申立書
- 未成年者の戸籍謄本、住民票または戸籍の附票
- 未成年後見人候補者の戸籍謄本
- 親権者がいないことを証する書面
- 未成年者の財産に関する資料

※住民票は、本籍地の記載は任意ですが、マイナンバーは記載しないものを用意しましょう。

その他、未成年者の財産目録や収支予定表、事情説明書、親族関係図など、家庭裁判所が定める書式に記入を求められることがあります。未成年後見人選任申立書は裁判所のホームページより入手が可能です。

選任の流れ

一般的な選任までの流れは、248ページの図の通りです。

一般的に、申立てから結果の連絡まで、**約３か月かかる**といわれています。こちらも、申立てする家庭裁判所の混雑具合によっては、これ以上かかることもありますので、未成年後見人の選任が必要なときは、相続税の申告期限に余裕をもって手続を開始する必要があります。

未成年後見人の選任の流れ

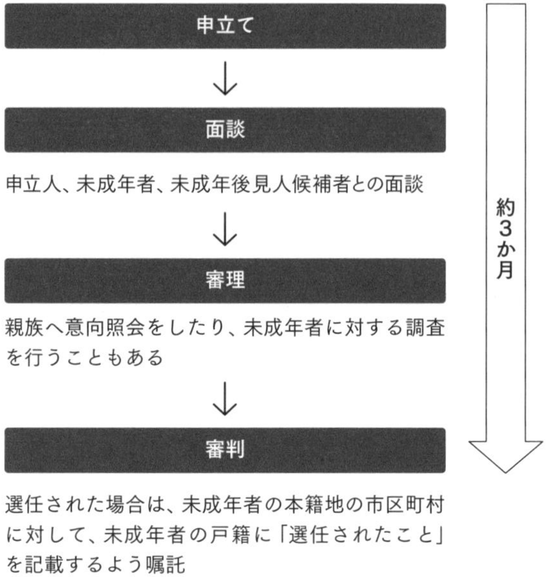

死後離縁という選択肢

未成年後見人に選任された場合であっても、親権が戻るというわけではありません。実の親である二郎さん、B子さんに親権を戻す方法として、死後離縁という方法がありますが、こちらも家庭裁判所の許可が必要になります。申立人は、養子縁組の当事者ですが、当事者が15歳未満の場合、離縁した後にその法定代理人になる者（実の父母など）が、代わって手続をすることになります。

申立書に加え、養親・養子の戸籍謄本を添付して申立てをします。ちなみに、**死後離縁をした場合であっても、三郎君は養親である一郎さんとA子さんの相続人であることに変わりはありません。**相続権は亡くなった日時点で相続人であったかが基準になるためです。

いずれにしても家庭裁判所に申立てしなければならない

養子縁組をした主たる目的が、**相続税対策ならば、養親の死亡後、死後離縁により親権を戻す方法がオススメ**です。後見人には事務負担や親権者以上に重い財産管理注意義務が課せられているためです。

一方で、実の親から虐待や育児放棄を受けていたことが理由で養子縁組をしていた場合には、実親に親権を戻さず、未成年後見人を選任するのがよいでしょう。

未成年後見人を選任する場合も、死後離縁をする場合も、家庭裁判所に申立てをする必要があるため、手続がいっきに増加することになります。ご家族の皆さんが、メリット・デメリットをしっかりと理解したうえで、未成年の孫を養子にするという選択をする必要がありますね。

相続税対策のための養子縁組と認定されたら追徴課税？

相続人の数が増えれば相続税が減るのは事実です。しかし、国税庁からは**「養子の数を法定相続人の数に含めることで相続税の負担を不当に減少させる結果となると認められる場合、その養子は、法定相続人の数に含めることはできません。」**と規定されており、明らかな相続税対策のためだけの養子縁組は認められないことがあります。ただ、ここの判断は難しく、**何をもって「相続税の負担を不当に減少させた」と認定されるかの明確な判断基準はありません。**

例を挙げれば、相続開始直前に養子縁組をし、相続の際にその養子が１円も相続しなかった場合には、「ただ単に、法定相続人の数を増やしたかっただけでは？」と疑いをもたれる可能性がありますね。お孫さんを養子縁組する際は、相続に強い税理士に相談しましょう。

ぶっちゃけ

71 遺産の寄付で思わぬトラブル！注意点を解説

近年「遺産の一部をＮＰＯ法人や自分が育った学校に寄付したい」という相談が増えています。日本ファンドレイジング協会の調査によると、40歳以上の日本人の約21％が、人生の集大成として、遺産の一部を寄付してもいいと考えているそうです。

一方で、実際に遺産の寄付を実行する方は１％に満たない状況であり、想いと行動に大きな隔たりが生じています。その原因は一体何かというと、①支援したい団体が明確でない、②手続がわからない、③残された家族の理解が得られない、などが挙げられます。

①と③の問題については、なかなか一筋縄ではいかない問題ですが、②の問題で寄付を諦めてしまうのは大変もったいないことです。ここでは手続の全体像を解説します。

遺産の寄付方法

大きく２つの方法があります。それは**①遺言書による寄付**と、**②相続人による寄付**です。

①「私が他界したら、この財産を○○へ寄付します」と遺言書に記載しておく方法を、遺言書による寄付といい、法律用語で遺贈といいます。

②「私が他界したら、この財産を○○へ寄付してくれ」と、生前中に親族等に伝え、相続発生後に、相続人が故人の気持ちに従って寄付をする方法を、相続人による寄付といいます。

一見似たような方法なのですが、実はこの２つ、**法律的にも税金的にも非常に大きな違いがあります。**

寄付の法律的な位置づけ

遺言による寄付は、法律上、故人の財産が、直接、その寄付する団体に移転すると考えます。一方で、相続人による寄付の場合は、故人の財産を、一度、相続人が相続し、それを相続人の意思によって寄付したと考えます。そのため、相続人による寄付の場合は、いくら故人が「寄付してほしい」と意思表示をしていたとしても、相続人の中に、寄付することに反対する者が現れた場合は、寄付を実現できなくなるかもしれません。

相続人が寄付に反対する？

実際に、寄付に反対する相続人が多いのは事実です。寄付をされると、自分たちの取り分が少なくなるので、そういった感情が起こりやすいのかもしれません。

そのため、親族が生前中に「あなたが亡くなったら遺産は寄付するわね」と言っていても、亡くなった後に「やっぱり遺産は私がもらうわ」と約束を反故《ほご》にされることもありえます。

では、遺言書による寄付であれば、相続人たちの反対を押し切り、確実に寄付することはできるのでしょうか？　答えは、半分正解で、半分不正解です。

遺言書は、相続人全員が同意をすれば、その内容を変更することは可能ですが、**遺言書で寄付をする旨が定められている場合には、その寄付を受ける団体の了解がなければ、寄付する意思をなかったことにはできません。**

遺留分と寄付の問題

ここで、注意しなければいけないのは、遺留分の問題です（詳しくは126ページ）。この権利があるため、例えば**「全財産を○○団体に寄付する」といった遺言があったとしても、相続人は、その団体に対**

して「遺留分を返せ！」と請求することが可能なのです。

また遺留分を侵害していなかったとしても、自分の取り分が減ることに憤慨し、その団体に対して、「父をそそのかして、遺言書を無理やり書かせただろ！」と詰め寄るケースも実際にあります。そして、「この遺言書は父の本当の意思ではないため無効」と訴えを起こすのです。

「揉めてほしくないから寄付します」は間違い？

よく「家族が揉めるくらいなら、遺産はすべて寄付します」という人がいますが、実際には、寄付先に対して訴訟を起こすこともできます。**相続トラブルを避ける目的で、寄付という手法が有効なわけではない**のです。

こういった事態を防ぐためにも、遺言による寄付をする場合には、公正証書遺言によって、公証人からの意思確認を積極的に受けましょう。その点、相続人が兄弟姉妹となる場合（配偶者や子供、父母がいない場合）には、遺留分を気にする必要はありませんので、ご自身の好きな団体への寄付を検討しましょう。いずれにしても遺言書による寄付の場合には、あらかじめ家族の理解を得ておくのが無難です。

ぶっちゃけ

72 遺産を寄付するなら、相続税は課税されない？

寄付と相続税の関係

寄付する財産にも相続税は課税されるのでしょうか。結論は次の通りです。

①遺言書による寄付の場合には相続税は課されません。

②相続人による寄付の場合には相続税は課されます。ただし寄付先が公益性の高い法人の場合には、所定の手続をすることにより、非課税になります。

遺言書による寄付の場合には、国や公益法人等の場合はもちろん、たとえ、株式会社などの営利法人であっても相続税は課税されません。ただし、株式会社等の場合は、寄付を受け取った法人側に法人税が課税されます。

一方で、相続人による寄付の場合には、相手が国や公益法人等の公益性の高い法人の場合のみ相続税は課税されないこととされています。

そのことから、例えば、自分が入所している老人ホームなどに寄付を検討している場合、遺言書で残しておけば相続税はかかりませんが、そうでない場合は相続人が相続税を払ったうえで、残った財産を寄付することになります。

また、公益性が高い法人に対する寄付は非課税になりますが、**検討している法人が該当するかどうかは、事前にしっかりと確認**をしなければいけません。また、非課税にするための相続税申告は、必要書類が多く、専門的な論点が多いので、相続に強い税理士に依頼されることをオススメします。

不動産などの寄付には注意が必要

金銭以外を寄付しようとする場合は注意が必要です。

例えば不動産を寄付しようとする場合、そもそも寄付を断られる場合が多々あります。容易に売却が可能であったり、有効利用できる不動産であれば、寄付を受け入れる団体もあるかもしれませんが、そうでない不動産の場合には、寄付を断られてしまうことが大半です。そのような事態を防ぐため、事前に寄付先と交渉をしておくことが大切です。

遺産以外は非課税になりません

また、相続人による寄付の場合に、**「現物では寄付を受けることができないので、換金したうえで寄付してほしい」と言われ、その通り、換金して寄付をした場合、たとえ相手が国や公益法人だったとしても、相続税は非課税になりません。**

相続税を非課税にできるのは、あくまで遺産を寄付した場合に限定されており、換金した財産は遺産として扱われないためです。

遺産の寄付は決して難しい手続ではありません。しかし、法律面でも税金面でも注意点がたくさんありますので、専門家に相談しながら手続を進めていきましょう。

\ぶっちゃけ/

73 借地権の基礎知識 ——地主にタダで返さなければならない？

「土地は借りているだけなので、持っている不動産は家屋だけです」

多くの方が誤解をしていますが、土地を借り、自分の家を建築し、地主に地代を払っている場合、その方は、借地権という権利も所有していることになります。

借地権は、売却することもできれば、贈与することもでき、通常の所有権と同じように扱うことが可能です。それゆえに相続税の対象にもなってきます。

「うちは家と預金だけだから相続税は心配ない」と考えている方でも、借地権の評価額をプラスすると、相続税の納税義務が発生することはよくあります。

借地権の評価額の調べ方

借地権の評価額は、国税庁のホームページから調べることができます。「路線価」と検索すると、道路一本一本に値段（単位：1000円）が振られた日本地図（路線価図）が出てきます。そして、その値段の隣にアルファベットのA～Gまでがあり、これが借地権割合を示しています。「土地の面積×路線価×借地権割合」という算式で計算した価格が、借地権の評価額となります（実際には地形などによって多少増減することがあります）。

一般的な住宅街では、借地権割合が60～70％に指定されていることが多いため、地価の高い地域では、借地権だけでも何千万円という評価額になることがあります。相続税の計算に非常に大きな影響がありますので、注意しましょう。

実際の路線価図

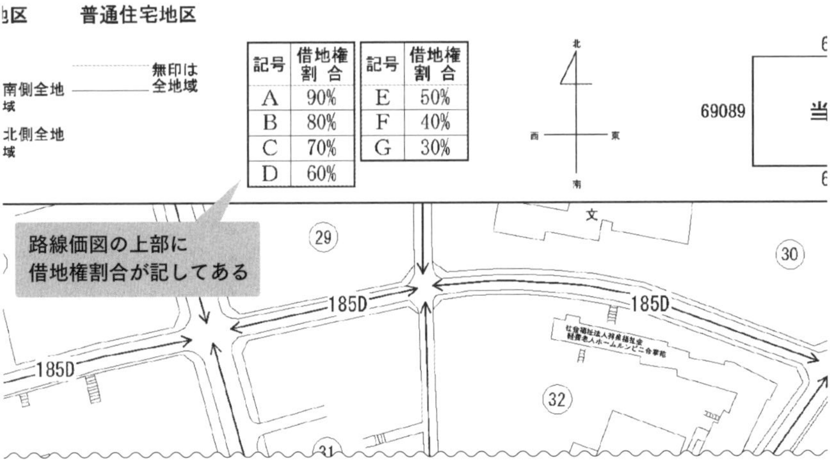

地主に土地を返す際、「借りたものはタダで返すのが当たり前」と思っている方が多いのですが、ちょっと待ってください。**借地権は、地主に対してであっても売却できます。**まわりの方が無償で返しているからといって、あなたまで無償で返す必要はありません。ここでは借地権の基礎知識についてご紹介します。

借地権の2要件

まず、借りた土地のすべてに借地権が発生するわけではありません。**借地権という権利は、①借りた土地の上に建物を建築すること、②地主に対して地代を払うこと、この２つを満たしたときに発生**します。

もともと戦時中の、法律が整備されていない時代では、地主の権利が非常に強く、借地人（土地を借りている人のこと）は地主からの無理な要求に従わなければ土地を追い出されてしまいました。

そこで、1941年に借地人の権利を守るための法改正が行われ、正当な理由（地代の滞納等）がない限り、地主は借地人を追い出すことができなくなりました。

最大のポイントは、たとえ**借地契約の期間が満了したとしても、借地人が「まだここに住み続けたいから地代を払い続けます」と意思表示した場合、地主が「土地を返してほしい」と言ったとしても、借地契約は自動更新される**点です。

地主と借地人の攻防戦

借地権という権利は、地代を払い続けさえすれば、地主都合で追い出すことはできないという、非常に強い権利となったのです。

しかし、今度は借地人の権利が強くなりすぎたため、「一度、土地を貸したら永久に土地が返ってこないじゃないか！ 金輪際、新しく土地を貸し出すのはやめよう」と、土地を貸すことに否定的になる地主が多くなってしまいました。そこで、平成４年に法改正を行い、新たに定期借地権という「契約期間が満了したら必ず地主に土地を返還する」という新しいタイプの借地権を誕生させました。平成４年８月以降に新たに借地契約をする場合は、通常の借地権と、定期借地権を選択することができるので、かなり柔軟な法制度になったといえます。いずれにしても、ただの物の貸し借りとは異なり、土地の貸し借りには、借地権という権利が生ずるため、注意が必要です。

借地権のポイントを徹底解説！

まず１つ目の「借りた土地の上に建物を建築すること」についてです。建物とは、壁や天井などがあり、雨風をしのげるようなものをいいます（ビニールハウスがこれにあたるか争った過去の裁判では、基礎や骨組み等が強固なものであれば、建物と認めるという判決が出ました）。

２つ目の「地主に対して地代を払うこと」は重要です。**「親の土地の上に子供が家を建築し、親に対して地代を払わない」**というケースはよくあります。この形を法律用語で使用貸借《しようたいしゃく》といいます。**使用貸借の場合、当然、借地権は発生しませんので、借地借家法の保護は受けられません。**親と子が喧嘩になり、「今すぐ、家を取り壊して土地を明け渡せ」と言われれば、子はそれに従わないといけないのです。

また、「地代を払えばいいのなら、1円でもいい？」と疑問を抱く方もいらっしゃるかもしれませんが、さすがに1円だと使用貸借とみなされる可能性が高いでしょう。一般的な地代（年額）の相場は、その土地にかかる固定資産税・都市計画税の2倍～4倍と言われています。

借地人が死亡した場合

借地権を相続する際は、誰が借地権を相続するかを遺産分割協議で決めるか、あらかじめ遺言書で指定しておく必要があります。相続する人が決まったら、その旨を地主に伝え、覚書を作成するか、借地契約書の更新をしておきましょう。

なお、借地権の相続には、承諾料や更新料は不要とされています。注意したい点として、相続が発生してから、相続する人が決まるまでの間の期間も、地代は地主に払い続ける必要があります。**相続する人が決まらないからという理由であっても、地代を滞納すれば、地主から立ち退きを言い渡されるかもしれません。**

地主が死亡した場合

地代を銀行振込で受け取っていた場合、その銀行が凍結されると、入金を受けることもできなくなり、借地人が慌ててしまいます。銀行を凍結するのであれば、速やかに別の口座情報を伝えるか、落ち着くまでは現金で地代を受け取るのも1つの手です。

昔からの慣習で、地代のやり取りを現金で行っている方も多いのですが、できれば銀行振込で行うべきです。理由は、**現金のやり取りを続けていると、地代の滞納等があったときに、「払った・払ってない」**

の水掛け論に陥る可能性があるからです。きちんと記録を残しておくのが紛争防止には効果的です。

地主から立退料をもらおう

「借りたものはタダで返すのが当たり前でしょ？」と思っている方が非常に多いです。一見、当たり前のように感じると思いますが、こと、借地権が生じている土地の貸し借りにおいては、地主にタダで返す必要はありません。地主に借地権を買い取ってもらいましょう。

そもそもですが、借地権は、地主の承諾があれば、第三者に売却することも可能です（その際、売買代金の約１割を承諾料として払う必要があります）。また、借地権を相続する際は、他の財産と同様に、借地権も相続税の対象として計算されます。このように、**借地権は、ただの借りている権利ではなく、売ることもでき、相続税もかかる、所有権に非常に近い権利**なのです。この権利が借地人に帰属している以上、これをタダで地主にプレゼントする必要はありません。

地主が高圧的な態度を取ってきたときの対処法

ただ、地主と借地人のこれまでの関係性から、「これまで土地を返すときに、お金を要求した人なんていないよ？」と高圧的に言われ、タダで借地権をお返ししている方が多いのが実態です。

この点について、もし借地契約書に「借地権を返還するときは、無償で返還する」という文言があったとしても、借地借家法第９条**「この節の規定に反する特約で借地権者に不利なものは、無効とする。」**という規定により、無効とすることができる可能性があるので、弁護士に相談してみましょう。

地主の立場としても、将来発生する多額の相続税を払うために、金融資産は少しでも多く残しておきたいと思うでしょう。お互いが納得する着地点を、しっかり模索していきたいところですね。

\ぶっちゃけ/

74 ペットに遺産を相続させるには？負担付遺贈を検討！

故人がペットを飼育していた場合、相続後に誰がそのペットのお世話をするのかを決める必要があります。他の財産と異なり、ペットには水もご飯も与え続け、トイレや散歩などのお世話も必要です。故人が１人暮らしをしていた場合には、親族が引き取る必要がありますが、ペット飼育が禁止されているマンションに住んでいる場合や、ペットアレルギーにより引き取ることができない場合も往々にしてあります。

残念ながら、ペットに遺産は残せません

「ペットに遺産を相続させてあげることはできないか？」とご相談を受けることがあります。残念ながら、法律上、ペットは「物」と扱われてしまうため、遺産を相続させることはできません。しかし、私も妻が父から相続した犬（ミニチュアダックス）と一緒に暮らしていますので、「ペットは家族」という気持ちはとてもよくわかります。

負担付遺贈とは？

ペットに遺産を相続させることはできませんが、**「ペットのお世話をし続けることを条件に、遺産を相続させる」と、条件つきの遺言書を作成し、相続人に世話を義務付けることは可能**です。このような拘束力を持たせる遺言を、「負担付遺贈」といいます。

しかし、遺言書だけでは、この約束がきちんと守られる保証がありません。相続後に、約束が守られるかどうかを監督する係として、前述した遺言執行者に弁護士などの法律家を就任させておくことをオススメします。遺言執行者は、もしも、相続した人がペットのお世話を放棄していると判断した場合には、裁判所に負担付遺贈の撤回を宣言し、執行者が指定した別の人に遺産を相続させることが可能です。

このような遺言書を作成する場合は、弁護士や司法書士などの専門家に相談されることをオススメします。

もし、遺言書等がなかった場合には、相続人の話し合いで引き受け先を決めることになりますが、**ペットを引き継がない相続人は、引き継ぐ相続人に対して、これから発生する飼育代分の金銭を多めに相続させてあげましょう。**ペットの飼育には多額のお金がかかります。

特にペットが年齢を重ねると、獣医にお世話になる機会も増えます。ペットに社会保険は使えませんので、全額自己負担となります。故人が大事に育てたペットです。相続人みんなで大事に見守っていきましょう。

また、現在ペットを飼われている方は、自分自身に万が一のことがあったときに、お世話を引き継いでくれる人を、必ずきちんと決めておきましょう。他の財産はどうとでもなりますが、ペットだけは引き継ぐ人がいないと、最悪の場合、殺処分されてしまうかもしれません。最優先課題として、取り組むようにしましょう。

第7章

相続財産の売却手続

第７章の主な内容

☑ 不動産を売却したときにかかる税金、絶対知るべき基本とは？

☑ 不動産の購入金額がわからないと大損する！その理由は？

☑ 自宅売却の特例、3000万円の特別控除の活用法は？

☑ 空き家を壊して売れば600万円の節税に？空き家特例とは？

☑ 相続した不動産を焦って売らないほうがいい理由とは？

＼ぶっちゃけ／

75 不動産売却時の税金、基本を徹底解説！

本章では不動産等、相続財産を売却したときの所得税の取り扱いについて解説していきます。まずは大枠からお話をすると、**不動産を売却したときに、売った金額が、買った金額より高い場合、つまり、儲けが出た場合には、その儲けに対して所得税と住民税がかかります。**裏を返せば、不動産を売却して儲けが出なかった場合には、所得税も住民税もかからず確定申告も不要です。

具体的な金額を使って解説します。例えば5000万円で購入した土地が、8000万円で売却できたとします。この場合、8000万円から5000万円を引いた3000万円が儲け（これを譲渡所得といいます）となります。この譲渡所得に対して所得税と住民税が課税されます。

基本の税率

譲渡所得に対する税率は20.315％です。15.315％が所得税、残りの５％が住民税です。所得税は本来、最低５％から最高45％までの段階的な税率（これを累進税率といいます）とされています。しかし、不動産を売却したことによる所得については、どれほど金額が大きくなったとしても税率は20.315％とされています。

しかし、ここで注意点があります。その**不動産を所有していた期間が５年未満の場合には、税率がなんと39.63％まで増えてしまいます！**

この取り扱いは、「短期的な土地の売買で儲けようとしちゃだめですよ」という趣旨で設けられています。また、この所有期間のカウントについては５年間きっちりというわけではなく、不動産を売却した年の１月１日において５年を超えているかで判定します。例えば、2020年２月に購入した不動産を、2025年２月に売却する場合は、

2025年1月1日時点における所有期間は4年11か月なので、税率は39.63%になります。

一方、2026年に売却する場合は20.315%になります。いずれにしても5年ギリギリで売却する場合は、税務署や税理士に確認しましょう。

ちなみに、**相続した不動産を売却する場合には、相続したときから5年間で判定するのではなく、故人が購入した時点からカウント**されます。

譲渡経費

不動産を売却する際にはさまざまな経費がかかります。税金はあくまで儲かった金額に課税されますので、経費は当然、儲けから引くことができます。引くことのできる経費は以下のようなものがあります。

- 売却するために支払った仲介手数料
- 売主が負担した印紙税
- 土地を売るために、建物を取り壊したときの取り壊し費用

このように仲介手数料などの経費は譲渡所得から引くことができます。なお、これまで支払ってきた修繕費や固定資産税、管理費などは引けないので注意してください。詳しく知りたい方は国税庁のホームページでご確認ください。

建物については減価償却を考慮

土地を売却したときの税金は、次の算式で計算することができます。

売却金額－購入金額－経費＝所得（儲け）

この所得に20.315%の税金がかかります。

一方で、建物については、この算式に減価償却を加味しなければいけません。

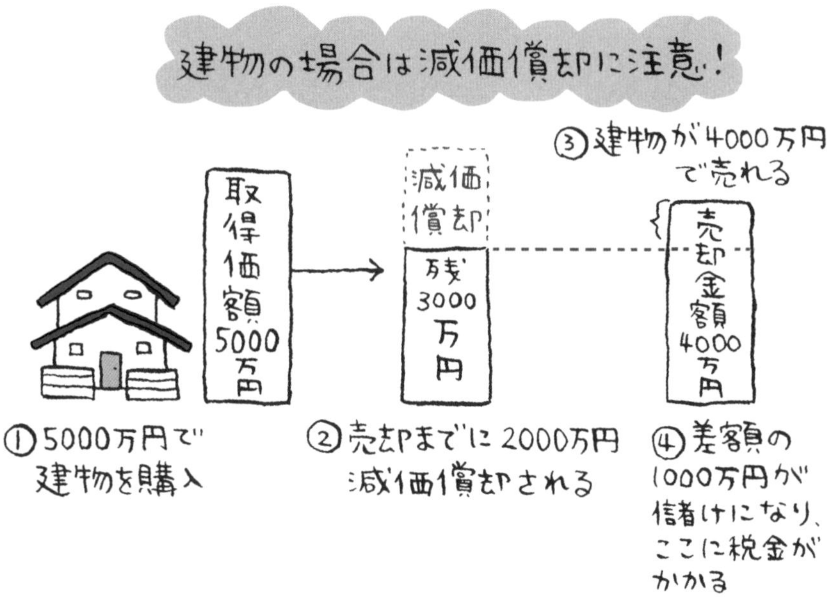

本来、建物は時の経過とともに価値は下がっていきます。もしも、価値が下がったにもかかわらず、買ったときの金額で売れたなら、その差額は儲けだと考えるわけです。この時間経過による価値の減少を、減《げん》価《か》償却《しょうきゃく》といいます。

例えば、①5000万円で購入した建物が、②売却までに2000万円減価償却されたとして、建物の価値は残り3000万円です（これを帳簿価額といいます）。③その建物が4000万円で売却できたとします。④3000万円の帳簿価額の建物が4000万円で売却できたので、差額の1000万円は儲けが出たと考えるのです。ここに20.315％の税金がかかるのです。

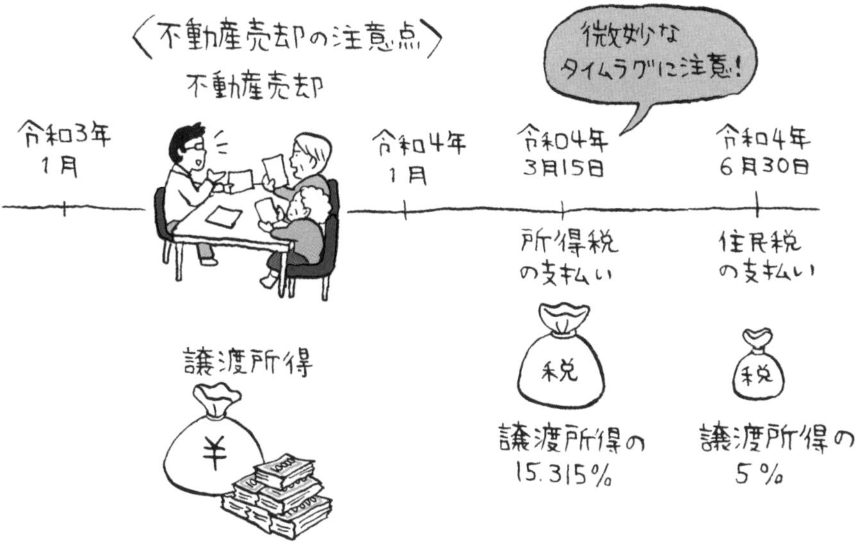

所得税と住民税を支払うタイミングに注意

所得税と住民税の違いは、支払うタイミングが異なることです。**不動産を売却した年の翌年3月15日までの確定申告で所得税は支払いますが、住民税の支払いはそこから3か月後の6月から**です。この微妙な期間のズレに要注意です。

確定申告のタイミングで支払った税金がすべてだと思っていると、6月の住民税でびっくり仰天することになりますので、しっかり住民税まで把握しておきましょう。

なお、相続した不動産を売却する場合で、相続税申告が必要になる方の場合には、相続税の申告と、所得税の確定申告が両方必要になります。

\ ぶっちゃけ /

76 契約書を失くすと大損する!? 譲渡所得の5%ルールに要注意!

相続した不動産を売却した場合の税金の考え方を解説します。

最大のポイントは、売却金額と比較する購入金額は、相続したときの価格ではなく、故人が買ってきたときの金額を採用する点です。

例えば、父が30年前に5000万円で買った土地を、子供が相続して(そのときの時価8000万円)、その後に子供が8000万円で売却したとします。この場合、譲渡所得の金額は8000万円から5000万円を引いた3000万円になります。

この取り扱いは、先祖代々から引き継がれている不動産でも同じです。先祖が買ったときの金額を使って、譲渡所得を計算しなければいけないのです。終戦前後の時代では、今と比べると、非常に低い金額で取引されていました。そのため、先祖代々から持っているような土地の場合には、売った金額のほとんどが譲渡所得となるため、多額の所得税と住民税が発生します。

不動産の購入価額がわからなくなった場合

皆さんは、ご両親が現在住んでいる不動産を、ご両親がいくらで購入したか、おわかりになりますか? 「なんとなくはわかりますが、正確にはちょっと……」という方がほとんどだと思います。

ただ、故人が購入した金額がわからないと、譲渡所得の計算ができません。その場合、非常につらいルールが適用されます。

その名も5%ルール。これは、**購入金額がわからなくなってしまった場合には、「売った金額の5%を購入金額とみなして譲渡所得の計算をしなければいけない」というルール**です。

5%ルールに注意!
1億円で売れた!
やった!
相続した不動産
でも、購入金額が不明だと
売却額×5%(500万円)
が購入金額になる
譲渡所得は9500万円です。
ここに20.315%の税金がかかります。
2000万円弱払ってください
ガーン

●父から相続した不動産が１億円で売却できた
●しかし、父がいくらでこの不動産を買ったのかは完全にわからない

この場合、売却した金額１億円の５％にあたる500万円が購入金額と扱われます。その結果、**１億円から500万円を引いた9500万円が譲渡所得になり、ここに20.315％の税金がかかりますので、2000万円弱の税金を払わなければいけません！**
「父はそんな安い金額で買ったはずはない」という声が聞こえてきそうですが、残念ながら国が定めたルールですので仕方ありません。
購入時の契約書などが残っていれば過去に購入したときの金額がわかるのですが、捨ててしまうと金額を明確にすることはなかなかできません。なお、権利証には通常、購入金額は書かれていませんので、権利証だけあっても購入金額を明らかにすることは難しいです。**このような事態にならないようにするためにも、不動産をいくらで購入したかは、必ずわかるようにしておかないといけません。**
なお、合理的に過去の購入金額を算出し、その金額を税務署に納得させることができれば、その金額を購入金額として申告することも認められます。例えば、購入した不動産会社が今もあるなら、購入当時のチラシやパンフレットを探してもらうのも１つの手です。登記簿謄本の抵当権の欄で、購入時にいくらのローンを組んでいたのかがわかるので、そこから推測していく方法もあります。
いずれにしても、**税務署を納得させるには、かなりの理論武装が必要**になります。これまで、この手の相談に対応してきた実績のある不動産鑑定士であれば、過去の購入金額を合理的に算出することが可能です。ただ、最終的に税務署にそれを認めさせられるかどうかは確定申告書を提出する税理士の腕次第になります。相続や不動産売却（この分野のことを業界用語で「資産税」といいます）に強い税理士に相談しましょう。

ぶっちゃけ

77 相続した財産は3年10か月以内に売ると節税できる

取得費加算の特例

相続税を納めた人が、相続財産を亡くなった日から3年10か月以内に売却した場合には、「取得費加算の特例」という所得税の特例を使うことができます。この特例はその名の通り、取得費（過去に購入したときの金額）にあるものを加算してくれるのです。取得費が増えれば、その分、譲渡所得も減りますので、支払う所得税も減ります。

それでは一体、何が加算されるか。それは相続税です。**相続人が納めた相続税のうち、売却したものに対応する部分の相続税を取得費に加算することができる**のです。

実例解説：1億円の相続税を納めたら？

例えば、4億円の財産を相続して、1億円の相続税を納めた人がいたとします。そして、相続した財産4億円のうち、2億円の土地を売却しました。この土地は故人が過去に8000万円で購入したものだとします。本来であれば、売却代金2億円から取得費8000万円を引いた1億2000万円が譲渡所得（儲け）となり、税率20.315％をかけた約2400万円の税金を納めなければいけません。

しかし、**取得費加算の特例を使った場合、納めた相続税1億円のうち2分の1にあたる5000万円の相続税を取得費に加算することができます。**結果として、2億円から取得費8000万円と加算分5000万円を引いた7000万円が譲渡所得となり、税率20.315％をかけた約1400万円まで税負担が軽くなるのです。※土地を売却したという前提で解説しましたが、**不動産以外でも、相続した株式や投資信託、ゴルフ会員権や絵画などを売却した場合もこの特例を使うことができます。**

夫婦間で相続したら、取得費加算の特例は使えない？

取得費加算の特例は、相続税を納めた人が、相続したものを売却した場合に使える特例です。相続税がかからなかった人には、この取得費加算の特例は関係ありません。相続税がかかるのは、一定額以上の財産を残して亡くなった人だけです。現在、日本全国の100人中８人に相続税が課税されています。

ここでよく見落とされる論点として、夫婦間の相続の場合を考えてみましょう。夫婦間の相続には、最低でも１億6000万円まで相続税を課税しない、配偶者の税額軽減という特例があります。この特例により、配偶者には相続税が課税されないことが多く、結果として、配偶者は取得費加算の特例が使えない場合がほとんどです。

このことを鑑みると、売却予定の相続財産はあえて子に相続させることで取得費加算の特例の恩恵を最大限享受するのも１つの手です。

＼ぶっちゃけ／

78 自宅売却の特例！3000万円の特別控除を使おう！

3000万円の特別控除

もし、**売却する不動産が、その所有者の自宅として使われていた場合には、3000万円の特別控除という特例を使うことができます。**この特例はその名の通り、**自宅を売ったことによる儲けを、3000万円分控除してくれる**制度です。3000万円に20.315％をかけると約600万円です。最大約600万円分の税金が免除になるのは大きいですよね。

この特例は、自宅として使っていた不動産を売却したときにしか使えません。アパートや駐車場のような投資用不動産には使えませんし、別荘もダメです。あくまで自宅を売ったときの特例です。自宅であれば、一戸建てであっても、マンションであっても、特例を使うことができます。この特例を使うための主な条件は次の通りです。

- 確定申告をすること
- 自分が住んでいる物件を売却するか、以前住んでいた物件の場合には、住まなくなってから3年を経過した日を含む年の12月31日までに売却すること
- 売主と買主が、親子や夫婦、自分の経営する法人などの特殊な関係がないこと等

相続発生後、その物件に住んでいない人が売却する場合には、この特例は使えません！

3000万円の特別控除は、あくまで所有者が自宅として使っている場合に限り使うことができます。所有者に相続が発生し、子供が実家を相続し、売却した場合を考えてみましょう。

子供が、もともと実家で同居をしていたのであれば、相続した後も、子供の自宅になりますので、3000万円の特別控除が使えます。

一方で、子供は別のところに住んでいて、今後も住む予定がない場合には、その実家は空き家になってしまいます。**空き家となった後に売却するとしたら、相続した子供の自宅ではないので、3000万円の特別控除は使えない**ことになります。

このようなケースでは、実家の所有者が亡くなる前に売却をしておけば、3000万円の特別控除が使えたので、仮に同じ金額で売却できたとしても、支払う税金が最大約600万円も変わることになるのです。

居住実態を偽ると税務調査の対象に！

この特例を使うために、本当は住んでいないにもかかわらず、住民票だけを移し、形式上は住んでいるものと偽って、確定申告をする人が後を絶ちません。確かに、手取りで600万円変わるのは非常にインパクトが大きいので、何とかこの特例を使いたいという気持ちはわかります。しかし、**居住実態を偽って特例を使うのは、節税ではなく脱税**です。絶対にやめましょう。

居住していた実態があったかどうかを、税務署は非常に厳しくチェックし、怪しいと判断されれば税務調査の対象になります。税務調査では、その物件の水道やガス、電気の使用量の確認、通勤通学定期の区間の確認、近隣住民への聞き込みなどをし、その人が本当に住んでいたのかどうかを徹底的に調査します。

また、この特例はあくまで生活の本拠地があった場所を自宅として認定するので、例えば１週間～10日くらい泊まっていたからといって、そこが自宅として認定されるわけではありません。その方の衣服や寝室がその場所にあり、住民票の登録があり、実際に生活の本拠地にしていた実態が必要になります。

＼ぶっちゃけ／

79 空き家を壊して売れば600万円の節税に？ 空き家特例

相続空き家の特例の概要

空き家（故人の自宅）を相続した相続人が、耐震リフォームをするか、その家屋を取り壊した後にその物件を売却した場合には、その売却にかかる譲渡所得（儲け）の金額から3000万円を特別控除できます。3000万円に20.315％をかけると約600万円です。約600万円分の節税になりますので、これは大きいですね。

この特例は、例えば、相続人である長男と次男が共有で土地を相続し、売却した場合には、１人につき最大3000万円の控除があるため、**２人であれば6000万円まで控除**されます。使えるか使えないかで非常に大きく手取りが変わります。

適用要件

①昭和56年５月31日以前に建築された家屋であること。

②区分所有登記されている建物（分譲マンションなど）でないこと。

③相続開始の直前において故人以外に居住をしていた人がいなかったこと（つまり、故人が１人暮らしをしていたこと）。

④相続のときから譲渡のときまで事業用、貸付用、居住用に供されていないこと。

⑤売却代金が１億円以下であること。

ポイント解説！

売却することが前提である空き家に、耐震リフォームをする方は少ないため、実務上は家屋を取り壊して敷地のみを売却するケースが多いです。

適用時期

本特例は、相続の開始があった日から３年を経過する日の属する年の12月31日までに売ることが条件となります。

ただし、期間限定の特例であるため、2023年12月31日が最後の期限となっています。

※今後、法改正等により期限が延長される可能性もあります。

ポイント解説！

期限までに売却（引渡し）していることが原則ですが、引渡しが期限後であっても、売買契約の締結日が期限前で一定の要件を満たしていれば適用が可能です。

遺産分割の注意点

この特例を使うためには、遺産の分け方に注意が必要です。大事なポイントは、故人の空き家を相続する際は、**家屋とその敷地をセットで相続しなければいけない点**です。

パターン１（NG）

二次相続（※）のタイミングで、長男が家屋を単独で取得して取り壊し、敷地は長男と次男で２分の１ずつの共有とした場合はどうでしょう。次男は家屋とその敷地をセットで取得しておらず、要件を満たさないため適用外となります。長男はOKです。

※夫婦のどちらか一方が亡くなることを一次相続といい、その後に残された方が亡くなることを二次相続といいます。

パターン２（NG）

一次相続のタイミングで長男が家屋を相続し、二次相続のタイミングで長男が敷地を相続した場合はどうでしょう。長男は家屋と敷地をセットで取得していないため要件を満たさずNGとなります。

パターン３（OK）

一次相続のタイミングで配偶者と長男が家屋と敷地を２分の１ずつ相続し、二次相続のタイミングで長男が家屋と敷地の残り２分の１を相続した場合はどうでしょう。長男は家屋と敷地をセットで取得しているため要件を満たしています。共有状態であっても、母の持分２分の１の家屋と敷地をセットで取得しているためOKです。

引渡し時の注意点

この特例を使うための要件の１つに、**「売主が家屋の取壊しをしてから買主に引き渡すこと」**というものがあります。間違っても買主が取り壊すような売買契約を締結してはいけません。不動産の譲渡では取壊し費用の負担について調整することがありますが、空き家特例においては、売主が取壊し費用を負担して引渡し前に更地にすることが求められます。

令和元年度税制改正のポイント

これまでは、相続開始の直前まで、故人が家屋に居住していた場合のみが適用対象でしたが、**相続開始の直前に老人ホーム等に入所していた場合も、一定要件を満たせば適用対象**となります。

\ぶっちゃけ/

80 相続した不動産を焦って売ってはいけない理由

相続マーケットとは？

不動産投資家の間に、**「相続マーケット」**という言葉があるのをご存じですか？　これは、遺産を換金して分けるためであったり、相続税の支払いに充てるためであったりと、相続人が売り急いでいるため、買主の不動産投資家からすれば、本来よりも超割安（好条件）な金額で購入できるチャンスのことを表現した言葉です。

確かに揉めている相続であれば、1日も早くスッキリしたいかもしれません。ただ、せっかく故人が残してくれた大事な遺産です。正当な価格で売れるように頑張りましょう。

不動産を高値で売るポイント

不動産売却の基礎知識として、媒介契約《ばいかいけいやく》の種類だけは、しっかりと押さえておきましょう。媒介契約とは、不動産仲介会社と売主との間で結ばれる契約で、不動産仲介会社が売主の代わりに買主を見つけてくることを任せる契約です。この媒介契約には3種類あります。

- 一般媒介契約
- 専任媒介契約
- 専属専任媒介契約

最大の違いは、同時に複数の不動産会社と媒介契約をすることができるかどうかです。**一般媒介の場合は、複数社と契約可能**で、かつ、自分で買主を見つけてくることも可能です。

専任媒介の場合は、契約は1社のみとしかできませんが、自分で買主を見つけてくることも可能です。

専属専任媒介の場合は、契約は1社のみ、かつ自分で買主を見つけた場合も、不動産会社の仲介が必要になります。

それぞれの契約のメリット・デメリット

専任媒介や専属専任媒介のメリットは、不動産会社が仲介手数料を確保できることから、よりよい買主を探すのに積極的に取り組んでくれる点です。一方で、デメリットは、不動産会社が、売主と買主の両方から仲介手数料を得ようとし、自社と媒介契約をしている買主から購入希望者が出るまでの時間稼ぎをされてしまう可能性がある点です（これを囲い込みといいます）。

一方で、一般媒介契約のメリットは、複数の不動産会社に依頼をすることにより、競争原理を働かせ、最も高い値を付けた買主と契約することができる点です。デメリットは、不動産会社の立場からすると、「買主を一生懸命探しても、結局、他社と契約されたら1円も得にならない」という心理が働くため、露骨に嫌な顔をされることがあります。

オススメ方法と注意点

このように媒介契約の種類によって良い面、悪い面があります。個人的にオススメするのは、**「一般媒介契約でお願いしても、専任媒介と同じように一生懸命やってくれますか？」と質問し、「はい、もちろんです！」と気持ちの良い返事をしてくれた不動産会社とだけ媒介契約をする**方法です。一般媒介でも一生懸命やるというのは、その不動産会社が良い買主を探すことができる自信の表れでもあります。

ただ、この手は人気エリアの物件に限って使える方法かもしれません。人気が落ちているエリアの物件については、専任媒介か、専属専任媒介でやってもらわないと、なかなか買主が現れない可能性も十分にあります。

時間に余裕のある方は、最初は一般媒介で買主を探し、買主が見つからない場合に、専属専任媒介等に変更するのがいいですね。なお、専任媒介か専属専任媒介かであれば、知り合いで買ってくれそうな人がいる場合には、専任媒介がオススメです。そういったあてがまったくない人は専属専任媒介がいいでしょう。

不動産の売却は往々にして、時間をかけてじっくりと買主を探したほうが、結果として高値になる傾向があります。売り急ぎにならないように、計画的に売却手続を進めたいですね。

\ぶっちゃけ/

81 株式・金地金・宝石等を売却したときの税金

株式を売却するときのポイント

株式や投資信託を売却して儲けが出た場合は、不動産の場合と異なり、所有期間に関係なく一律20.315％の税金（所得税15.315％、住民税５％）がかかります。相続した株式等の場合、取得費は故人が購入した金額が引き継がれます。

相続税を払っている方であれば取得費加算の特例が使えますので、長期保有目的であっても、３年10か月以内に一度売却して、特例の恩恵を受けておき、また同じ銘柄を買い直して保有し続けるというのも１つの手です。また、利益の出ている銘柄と、損失の出ている銘柄を同一年に売却して、利益と損失を相殺するのも良い手ですね。

金地金や宝石等を売却するときのポイント

金地金や宝石、ゴルフ会員権などを売却して儲けが出た場合には、株式や不動産と異なり、売却した人のその他の所得（給与など）と合算して税金を計算する**「総合課税」**という方法が適用されます。そのため、**高所得の人が売却した場合と低所得の人が売却した場合とで、支払う税額が大きく変わってきます。**

ただし、所有期間が５年を超える場合には、売却した儲けから50万円を引き、さらに２分の１をした金額が他の所得に合算されますので、負担はそれほど大きくならないかもしれません。

また、金地金や宝石類であれば、売却する年を分散させることによって、累進税率の負担を緩和させることも可能です。ただ、次の年まで相場が今の水準を保てるかはわかりませんので、あまり税金に固執し過ぎず、売りどきを逃さないことのほうが大事ですね。

おわりに

相続争いが起こりやすい家庭の特徴とは？

2021年4月、私の妻の父が急逝しました。

妻と義父はとても仲が良かったため、妻の悲しみは計り知れない様子でした。妻は葬儀の喪主を務め、慣れない相続手続を1つずつ行っていきました。深い悲しみの中、本当に大変だったと思います。

幸い、義父の相続は円満な形に落ち着きましたが、世の中には相続をきっかけに家族仲が崩壊してしまうことも珍しくありません。

「うちは家族仲がいいから、相続対策はいらない」は危険です

あまり知られていませんが、**相続争いは、もともと仲の良かった家族にこそ起こりやすい**という性質があります。

なぜなら、もともと家族仲の悪い家族は、遺言書を作るなどの対策を講じていることが多いため、泥沼の相続争いまでは発展しない傾向があります。「うちは仲がいいから、対策なんていらない」と考えている家庭ほど、実は危険なのかもしれません。

相続争いはなぜ起きるのか。その大きな原因の1つに、**深い悲しみの中、慣れない相続手続に追われる精神的ストレス**が挙げられます。忙しい仕事や家事の合間に、役所や銀行に足を運んで手続を進めるのは、本当に大変な作業です。そういったことの積み重ねが、これまで長年我慢してきた不満と結びつき、家族仲が修復できないほどの争いに発展してしまうのです。

本書は、相続手続の負担を少しでも減らし、円満相続を世の中に1

つでも増やしたいという想いを込めて執筆しました。**何もわからないまま手続を始めるよりも、全体像を把握してから手続を始めたほうが、段違いに負担を軽減できます。**結果として、おのずと精神的なゆとりも生まれ、譲り合いの気持ちももてるかもしれません。

残された家族が仲良く円満に暮らすために

相続争いは、長いと数年にも及び、その間ずっと怒りや不安といった負の感情に包まれてしまいます。亡くなった方も、切に願っているのは、残された家族が仲良く円満に暮らしていくことだと思います。どうか相続人同士、助け合い、譲り合うことで、円満な相続を実現させていきましょう。

１つ、私からのお願いになりますが、もしも今後、皆さまのまわりに相続に直面した方が現れたときは、本書をプレゼントしていただけますでしょうか。きっと、その方にも喜んでいただけると思います。また、文章が苦手な人のために、本著を解説したYouTube動画を無料公開していますので、ぜひそちらもご活用ください。

最後になりますが、前著『ぶっちゃけ相続』から編集を担当してくださった中村さんを始めとしたダイヤモンド社の皆さん、可愛いイラストを描いてくださった伊藤ハムスターさん、取材協力をしてくれた円満相続税理士法人のメンバーに厚く御礼を申し上げます。本当にありがとうございました！

世の中に円満相続が１つでも増えることを願い、結びとさせていただきます。最後までお読みいただき、本当にありがとうございました。

2021年11月

円満相続税理士法人代表　橘慶太

巻末資料

「もしも」に役立つ エンディングノート

※注意点

このエンディングノート自体に法的拘束力はありません。このノートに書き記した情報をもとに遺言書を作成しておくと、無用なトラブルを避けることができ、円満相続につながります。

このノートの目的

あなたに「もしも」があったとき、残されたご家族に自分の情報を伝え、各種手続をスムーズに行えるようにすることです。そして、これまでの人生を振り返り、ご自身の価値観やご家族・周囲の人への想いなどを整理することができます。

書き方のコツ

- すべてを完ぺきに書き記す必要はありません。
- 定期的に見直しましょう。あなたが希望する未来は変化し、それに合わせて考え方も変わるからです。
- 家族トラブルを招くような、余計な情報は書かないようにしましょう。

私の基本情報

名前	
生年月日	
住所	
本籍地	
電話	
メールアドレス	
重要書類の 保管場所	健康保険証
	後期高齢者医療保険証
	介護保険被保険者証
	運転免許証
	印鑑登録証
	年金手帳
	パスポート
	その他公的書類 （種類： ） （場所： ）
Web サイトの ID・パスワード	サイト名
	ID
	パスワード
	サイト名
	ID
	パスワード

遺言書の有無	□ あり　作成年月日　　年　　月　　日 ※もし書き換えた場合、最新日付のものが有効になります
	□ なし
遺言書の保管場所	
大切な人へのメッセージ	名前（　　　　　　　）記入日　　年　　月　　日
	名前（　　　　　　　）記入日　　年　　月　　日

大切な人の連絡先

氏名		関係	
住所			
電話			
メールアドレス			
その他			

氏名		関係	
住所			
電話			
メールアドレス			
その他			

氏名		関係	
住所			
電話			
メールアドレス			
その他			

氏名		関係	
住所			
電話			
メールアドレス			
その他			

氏名		関係	
住所			
電話			
メールアドレス			
その他			

氏名		関係	
住所			
電話			
メールアドレス			
その他			

氏名		関係	
住所			
電話			
メールアドレス			
その他			

氏名		関係	
住所			
電話			
メールアドレス			
その他			

葬儀の希望

葬儀の実施について	□ 葬儀をしてほしい
	□ 葬儀をしてほしくない 理由：
	□ 家族に任せる
葬儀を行ってほしい場所について	□ 決めている 名称： 住所： 電話番号：
	□ 決めていない
宗教や宗派について	□ 葬儀を依頼したい特定の寺院・教会・神社等がある 名称宗旨・宗派：
	□ 無宗教でしたい
	□ 家族の希望に任せる

戒名・法名について	□ 戒名・法名はいらない
	□ 戒名・法名をつけてほしい
	□ すでに戒名・法名がある 戒名： 授かったお寺：
喪主になってほしい人	□ 配偶者
	□ 子 （ ）
	□ その他 （ ）
挨拶をしてほしい人	弔辞： 氏名 （ ） 連絡先 （ ） 弔辞： 氏名 （ ） 連絡先 （ ） 親族代表挨拶： 氏名 （ ） 連絡先 （ ）
遺影写真	□ 決めている（保管場所 ）
	□ 特に決めていない
	□ 家族に任せる

葬儀の希望

香典について	□ いただく
	□ 辞退する
	□ その他 （　　　　　　　　　　）
	香典返しの希望　（　　　　　　　　　　）
葬儀費用について	□ 保険・預貯金で準備している 具体的には：
	□ すべて家族に任せる
	□ その他（　　　　　　　　　　）
その他希望	● 規模 □ 家族・親族のみ □ 家族・親族と親しい友人 □ 来ていただける方は全て
	● 飾り付け・祭壇について □ 白木祭壇 □ 生花祭壇 □ その他（　　　　　　　　　　）
	● 祭壇に使ってほしいお花 （　　　　　　　　　　）
	● 祭壇に使ってほしいお花 （　　　　　　　　　　）
	● 納棺時の衣装について （　　　　　　　　　　）

お墓の希望

お墓 について	□ ある 住所：
	□ ない
	□ 先祖の墓へ納骨（場所　　　　　　　　　　　　　　）
	□ 新しいお墓へ納骨（場所　　　　　　　　　　　　　）
	□ 散骨を希望（場所　　　　　　　　　　　　　　　　）
	□ 分骨を希望する（場所　　　　　　　　　　　　　　）
	□ 家族に任せる
お墓の費用 について	□ 私の預貯金を使ってほしい 預貯金の情報（銀行口座等）：
	□ 特に準備していない
	□ 家族に任せる
	□ 支払い済みの費用がある 金額・支払い日： 支払った相手： 名目：
その他伝えて おきたいこと	

財産について

不動産

形態	□ 土地　□ 建物　□ マンション　□ 田畑　□ その他：		
所在地	〒		
名義人		持分	
形態	□ 自宅　□ 賃貸　□ その他：		
メモ			

形態	□ 土地　□ 建物　□ マンション　□ 田畑　□ その他：		
所在地	〒		
名義人		持分	
形態	□ 自宅　□ 賃貸　□ その他：		
メモ			

預貯金

金融機関名	支店名	口座の種類	口座番号

生命保険

保険会社名		保険の種類	
証券番号		契約者名	
被保険者名		受取人	
満期日		払込終了期間	
死亡時の保険金額		証券保管場所	

その他保険

保険会社名		保険の種類	
証券番号		契約者名	
被保険者名		受取人	
満期日		保険金額	
証券保管場所			

その他財産（証券、貴金属、美術品、貸金庫 etc）

［著者］
橘 慶太（たちばな・けいた）
税理士。円満相続税理士法人代表
中学・高校とバンド活動に明け暮れ、大学受験の失敗から一念発起し税理士を志す。大学在学中に税理士試験に4科目合格（「資格の大原」主催の法人税法の公開模試では全国1位）。大学卒業前から国内最大手の税理士法人山田＆パートナーズに正社員として入社する。
税理士法人山田＆パートナーズでは相続専門の部署で6年間、相続税に専念。これまで手がけた相続税申告（相続手続）は、上場企業の創業家や芸能人を含め、通算500件以上。相続税の相談実績は5000人を超える。また、全国の銀行や証券会社を中心に通算500回以上の相続税セミナーの講師を務める。
2017年1月に独立開業。現在、東京・大阪の2拠点で相続専門税理士が多数在籍する円満相続税理士法人の代表を務める。「最高の相続税対策は、円満な家族関係を構築すること」をモットーに、依頼者に徹底的に寄り添い、円満相続実現のために日々尽力する。週刊東洋経済や女性自身、日本経済新聞、朝日新聞など、さまざまなメディアから取材を受けている。
限られた人にしか伝えることができないセミナーよりも、より多くの人に相続の知識を広めたいという想いから、2018年にYouTubeを始める。自身が運営する【円満相続ちゃんねる】は、わかりやすさを追求しつつも、伝えるべき相続の勘所をあますところなく伝えていると評判になり、チャンネル登録者は6万9000人を超えている。2020年に刊行した初著書『ぶっちゃけ相続』は4万6000部を突破するベストセラーとなった。

ぶっちゃけ相続「手続大全」
——相続専門YouTuber税理士が「亡くなった後の全手続」をとことん詳しく教えます！

2021年12月7日　第1刷発行
2024年7月4日　第7刷発行

著　者——橘慶太
発行所——ダイヤモンド社
〒150-8409　東京都渋谷区神宮前6-12-17
https://www.diamond.co.jp/
電話／03･5778･7233（編集）　03･5778･7240（販売）

装丁——三森健太（JUNGLE）
本文デザイン・DTP——岸 和泉
装画・本文イラスト——伊藤ハムスター
校正——加藤義廣（小柳商店）、鷗来堂
製作進行——ダイヤモンド・グラフィック社
印刷——勇進印刷
製本——ブックアート
編集担当——中村明博

ISBN 978-4-478-11336-3